PROJEKT DEUTSCH

LEHRBUCH

1

ALISTAIR BRIEN

SHARON BRIEN

SHIRLEY DOBSON

OXFORD UNIVERSITY PRESS

Oxford University Press, Walton Street, Oxford OX2 6DP

Oxford   New York   Toronto
Delhi   Bombay   Calcutta   Madras   Karachi
Kuala Lumpur   Singapore   Hong Kong   Tokyo
Nairobi   Dar es Salaam   Cape Town
Melbourne   Auckland   Madrid

and associated companies in
Berlin   Ibadan

Oxford is a trade mark of Oxford University Press

© Oxford University Press 1993

First published 1993
Reprinted 1994

ISBN 0 19 912151 6

Acknowledgements

The authors would like to thank the following people for
their help and advice: Richard Dobson and Chris Dobson;
Elaine Pratt and the pupils of Keswick School; the staff and
pupils of the Realschule, Königslutter and the Realschule,
Marktoberdorf; the Heigl-Schwarz family; the Wittko family.

The publishers would like to thank all those people who have
reviewed and trialled the materials, with special thanks to
Annette & David Bygott, David Fitzsimmons, John Grundy,
Susan Hibberd, Beth Hill, Claire Lee, Richard Marsden, Jane
Osborne, Corinna Schicker, Carole Shepherd, Margaret
Tumber, Birte Twisselmann. Thanks also to all the pupils and
teachers who trialled the materials in the following schools:
Alec Hunter School, Braintree; Gosford Hill School, Oxford;
Hinchingbrooke School, Huntingdon; John Mason School,
Abingdon; The Minster School, Southwell; St. Mary
Redcliffe & Temple CE School, Bristol.

The publishers would like to thank the following for
permission to reproduce photographs, and for additional
commissioned photography: Ardea Limited p.41 (all);
The Bridgeman Art Library pp.8–9 (1 and 5); Alistair &
Sharon Brien pp.12–13, 16–17, 74–75, 81, 91; Deutsche
Jugend Herbergswerk p.91; Mike Dudley pp.9 (10), 53, 61,
74–75; German Wine Information Service p.8 (7); Gordon
Hillis Foto Studio, Hamburg pp.30, 37, 50 (all); 61, 74–75, 77,
91, 97; Ander McIntyre p.18; Philips pp.74–75; Retna Pictures
p.70; Sporting Pictures p.9 (8); Swiss National Tourist Office
p.9 (3); Volkswagen (Germany) p.9 (2); John Walmsley pp.19,
34, 38 (1, 2, 4, and 6), 51, 63, 74–75, 99; Westdeutscher
Rundfunk pp.64–65; Zefa (Germany) pp.8–9 (4, 6, and 9),
44 (all), 90–91, 98.

The illustrations are by Steven Appleby pp.7, 11, 29, 59;
Rachel Birkett p.55; Jane Bottomley p.94; Juliet Breese pp.78,
93; Alison Everitt p.61, 70, 79; Sophie Grillet pp.14, 16, 46,
47, 58, 59, 67, 74, 76; Stephen Hawkins pp.6–7, 20, 24,
28–29, 31, 32–33, 36, 43, 66, 68, 73, 77, 79, 82 (top),
84–85, 86–87, 95; John Higham p.75; Mike Hingley pp. 17,
20–21, 40, 60, 62; David Holmes p.41; Kim Lane p.26;
Pete Lawrence p.23 (bottom); Ben Manchipp pp.19, 53;
Chris Mould pp.34–35; Ed McLachlan pp.6–7, 10–11, 15,
39, 57, 78 ; Oxford Illustrators pp.30, 49, 58, 65, 72,
82 (bottom), 86–87, 90, 95, 97, 98; Alan Rowe pp.6, 14–15,
22–23, 25, 27, 28, 36, 40, 45, 48, 50–51, 53, 54, 56, 65,
66, 68, 84–85, 92, 93, 96; Martin Shovel pp.31, 37, 38;
Mark Southgate pp.42–43; Annette Winkelmann p.27
(bottom); Angela Wood pp.88–89.

The handwriting is by Anissa Nasser, Annette Winkelmann,
and the pupils of the Geschwister-Scholl-Hauptschule,
Geldern, Germany.

The publishers would like to thank the following for
permission to reproduce copyright material: Axel Springer
Verlag AG; Bravo; Beringer & Pampaluchi Verlag AG; Bild am
Sonntag; Deutsche Bundespost; Eurotrek/Unitours AG;
Familie Ohrendorf-Weiss; Franz Milz Verlag; Jugend und Volk,
Wien; Gebrüder Schmidt GmbH & Co. KG; Gong Verlag
GmbH; Gruner & Jahr AG & Co; Rahmel Verlag GmbH;
Rowohlt Taschenbuch Verlag GmbH; Turistik Union
International GmbH & Co KG.

Every effort has been made to contact copyright holders of
material reproduced in this book. Any omissions will be
rectified in subsequent printings if notice is given to the
publisher.

Designed and typeset by OXPRINT, Oxford.
Printed and bound in Hong Kong
Gráficas Estella, S. A. Navarra.

Inhalt

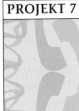

Here are the parts of the course:

The **Lehrbuch** is your Students' Book. It is divided into eight different projects for you to work on, and contains all the new language you'll be learning. At the back there are word lists, a grammar section, and a reference section to help you.

The **Arbeitsheft** is your Workbook. You'll do your written work in it and it will become a record of all the German you learn. It contains lots of exercises and puzzles to help you practise the language. There are also pages at the back for you to record new words.

The **Kassette** contains all the listening activities. Sometimes you'll listen to it with the whole class, sometimes on your own. There are listening activities to go with the **Lehrbuch** and with the **Arbeitsheft**. Sometimes you'll listen to something and follow it in the **Lehrbuch**, sometimes you'll listen and fill in a grid, match up words or pictures or work out a puzzle.

The **Miniprojekte** worksheets contain more activities for each project. You might be given one of these for homework or if you have finished your classwork.

The **Sprachübungen** worksheets practise new language or grammar points.

You'll probably do the **Was kannst du?** sheets at the end of each project. These are for you and your teacher to see how much you've learnt.

Here are the symbols that are used in **Projekt Deutsch 1**:

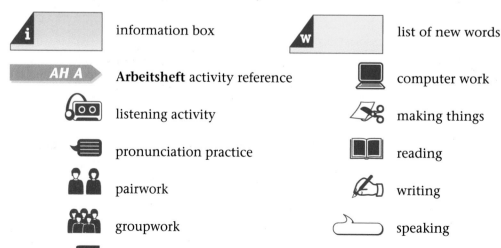

information box

list of new words

AH A   **Arbeitsheft** activity reference

computer work

listening activity

making things

pronunciation practice

reading

pairwork

writing

groupwork

speaking

dictionary work

Projekt Deutsch is written all in German. You can use a dictionary or the word lists at the back of the book to help you. Here are some of the instructions you'll see quite often. At first you'll probably need to look back at this page quite a lot, but after a while you should start to recognize some of them:

Auf deutsch	*In German*
Auf englisch	*In English*
Beantworte die Fragen.	*Answer the questions.*
Beispiel:	*Example:*
Beschreib ...	*Describe ...*
Finde ...	*Find ...*
Frag die anderen in der Klasse.	*Ask the others in the class.*
Gib die Informationen	*Key in the information*
in den Computer ein.	*into the computer.*
Gruppenarbeit.	*Groupwork.*
Hier ist/sind ...	*Here is/are ...*
Hör gut zu.	*Listen carefully.*
Hör gut zu und lies mit.	*Listen carefully and follow the text.*
Ist alles richtig?	*Is everything correct?*
Lest ... zusammen vor.	*Read ... out loud together.*
Mach das Lehrbuch zu.	*Close the Students' Book.*
Mach eine Graphik.	*Draw a graph.*
Macht andere Dialoge.	*Make up other dialogues.*
Partnerarbeit.	*Pairwork.*
Schau mal ... an.	*Look at ...*
Schreib ...	*Write ...*
Stellt Fragen.	*Ask each other questions.*
Was ist das?	*What is that?*
Wie ist die richtige Reihenfolge?	*What is the correct order?*
Was meinst du?	*What do you think?*
Was paßt zusammen?	*What goes together?*
Was sagen sie?	*What are they saying?*
Zum Basteln.	*Something to make.*
Zum Lernen.	*Something to learn.*
Zum Lesen.	*Something to read.*
Zum Üben.	*Something to practise pronunciation.*

Try to speak as much German in the classroom as possible! Your teacher will also speak German to you. Here are some classroom phrases to get you started:

Guten Tag! Hello!

Lehrbuch Seite 2! Students' Book page 2!

Bitte Please

Danke Thank you

Wie bitte? Pardon?

Ich verstehe nicht! I don't understand!

Ich bin fertig! I've finished!

Wie heißt ... auf deutsch? How do you say ... in German?

Wie heißt ... auf englisch? How do you say ... in English?

Viel Glück! Viel Spaß! *Good luck! Have fun!*

Willkommen!

1 Hör gut zu und lies mit.

2 Hör gut zu. Zum Üben:

AUFWIEDERSEHENAUFWIEDERSEHENAUFWIEDERSEHENTSCHÜS!

AH A
AH B

3 Hör gut zu.

Fantastisch!

Sehr gut!

Gut!

OK!

Nicht so gut!

Schlecht!

AH C
AH D

AUFWIEDERSEHENAUFWIEDERSEHENTSCHÜS!

4 Hier ist eine Landkarte.

AH E
AH F

5 Hör gut zu. Zum Üben:

o / ö	Bonn / Köln
	Rostock / Österreich
u / ü	Hamburg / München
ei / ie	Weimar / Kiel

6 Hör gut zu. Zum Üben:
Hier ist ein Zungenbrecher!

In Ulm, um Ulm und um Ulm herum...

Quiz

1 Mach das Quiz.

AH G

 2 Hör gut zu.
Ist alles richtig?
Wieviel Punkte hast du?

i	1	eins	6	sechs
	2	zwei	7	sieben
	3	drei	8	acht
	4	vier	9	neun
	5	fünf	10	zehn

3 Wie war das Quiz?

9–10	fantastisch!
6–8	sehr gut!
4–5	gut!
2–3	OK!
0–1	nicht gut!

 4 Hör gut zu. Zum Üben:

w	Schweiz	Wein
	Volkswagen	zwei
	Schwimmen	

ß = ss	Fußball
	heißt
	Edelweiß

AH H
AH I

2 Das ist ein
a) Mercedes.
b) Audi.
c) Volkswagen.

1 Mozart war
a) Fußballspieler.
b) Doktor.
c) Komponist.

4 Das ist in
a) Bonn.
b) Bremen.
c) Berlin.

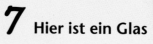

7 Hier ist ein Glas
a) Bier.
b) Wein.
c) Milch.

3 Diese Fahne kommt aus

a) Deutschland.
b) Österreich.
c) der Schweiz.

6 Das ist

a) eine Lederhose.
b) ein T-Shirt.
c) eine Skijacke.

5 Einstein war

a) Physiker.
b) Pop-Sänger.
c) General.

9 Dieser Sport heißt

a) Schwimmen.
b) Surfen.
c) Skifahren.

8 Steffi Graf ist

a) Musikerin.
b) Tennisspielerin.
c) Fotomodell.

10 Das ist

a) Brot.
b) Kaffee.
c) Schokolade.

Hier spricht man Deutsch

1 Hier sind Postkarten.

AH J

A Das ist Bacharach in Deutschland.

B Das ist die Hauptstadt Berlin.

C Edelweiß in den Alpen.

D Zürich ist auch eine schöne Stadt!

1 Herr und Frau Stein finden Liechtenstein klein, aber fein!

2 Hör gut zu.
Zum Üben: AH K
AH L

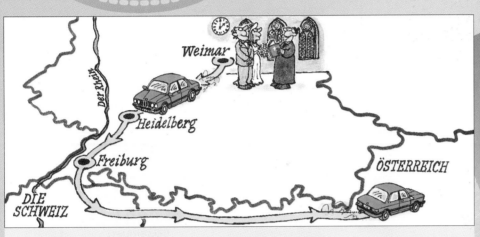

(2) Heinrich und Heidi heiraten um zwei in Weimar.
Sie reisen von Weimar nach Heidelberg,
von Heidelberg nach Freiburg, den Rhein hinunter
in die Schweiz, und dann weiter nach Österreich!

3 Hör gut zu. Zum Üben:
Hier ist ein Zungenbrecher!

(3) Siegfried und Friedel
fliegen um sieben von Kiel
nach Wien.

Blaukraut bleibt Blaukraut und Brautkleid bleibt Brautkleid.

Du kannst Deutsch!

DIE FILME DER WOCHE

FR Tages-Übersicht vom 13. 11.

20.15–22.35 Tip

Großer Historischer Weltatlas

Dritter Teil
Neuzeit

Bayerischer Schulbuch-Verlag

HARTMUT HÖFELE / SUSANNE STEFFE

Musizieren mit selbstgebauten Musikinstrumenten

WIR WOLLEN MUSIK ERFINDEN

rororo

MIT KINDERN LEBEN

Großes Wörterbuch

ENGLISCH
DEUTSCH

DEUTSCH
ENGLISCH

15.–

LUST AN DER ERKENNTNIS: MODERNE MATHEMATIK

Ein Lesebuch
Herausgegeben von
Herbert Meschkowski

Serie Piper

bsv

physik 1

NEUE AEROBICS FÜR SPORT UND FITNESS

AUSDAUER GYMNASTIK

E. Grogg · D. Roßmaier

SAT 1

DEUTSCHE BUNDESPOST
50

GETRÄNKE

Coca Cola	2,00
Fanta	2,00
Diesel	2,00
Apfelsaft	2,00
Tomatensaft	2,80
Orangensaft	2,80
Grapefruit-Saft	2,80
Mineralwasser	2,00
Pokal Rotwein	2,50
Pokal Weißwein	2,50
Tasse Kaffee	2,20
Kännchen Kaffee	4,40
Kännchen Schokolade	4,40
Glas Tee (Ceylon)	2,20
Glas Tee (Pfefferminz)	2,20
Glas Tee (Kamille)	2,20
Kännchen Mokka	5,00

DEUTSCHE BUNDESPOST 60

DEUTSCHE BUNDESPOST 60

60

800 JAHRE ST. NIKOLA AN DER DONAU
REPUBLIK ÖSTERREICH
4 S

DEZEMBER

Mo	Di	Mi	Do	Fr	Sa	So
4	5	6	7	8	9	10

Ausgezeichnet als familienfreundlich im Bundeswettbewerb
Familien-Ferien in Deutschland

Deutsche Post

Willkommen auf dem Campingplatz Lindau-Zech!

D-8990 Lindau, Fraunhoferstraße 20, Tel. (08382) 72236 (April bis Oktober); in der übrigen Zeit Tel. (08382) 26000

Achtung Schüler

L

Schulanfang!

Ostsee

Telefonbuch 36

Amtliches
Fernsprechbuch
der Deutschen
Bundespost

Bereiche
Darmstadt
Dieburg
Groß-Gerau

Wie heißt du?

1 Hör gut zu.
Wer ist das?

 AH A

Beispiel:

Nummer 1 = Eva

Mädchen	Jungen
Maria	Andreas
Eva	Ralf
Claudia	Mehmet
Gabi	Klaus
Anna	Michael

① ② ③ ④

2 Partnerarbeit.
Was sagen sie?

A

Ich heiße Eva.

Beispiel:

Nummer 1
– wie heißt du?

B

3 Hör gut zu und lies mit.
Spitznamen.

Wie heißt du?

Hannes

Nein, Johannes!

Wie heißt du?

Nein, Joseph!

Sepp

Wie heißt du?

Jokurt!

?!

i Wie heißt du?	Ich heiße	Claudia. Klaus.	w der Junge das Mädchen

⑤ ⑥ ⑦ ⑧ ⑨ ⑩

 4 Hör gut zu. Zum Üben:
Das Alphabet auf deutsch.

> *Aa Bb Cc Dd Ee Ff Gg Hh Ii*
> *Jj Kk Ll Mm Nn Oo Pp Qq Rr*
> *Ss Tt Uu Vv Ww Xx Yy Zz*
> *Ää Öö Üü ß*

5 Hör gut zu und lies mit.

◄ Name, bitte.
Herr Grubelsteinhausen. ►
◄ Wie bitte?
Herr Gru - bel - stein - hau - sen. ►
◄ Wie schreibt man das, bitte?
G - R - U - B - E - L - S - T - E - I - N - H - A - U - S - E - N. ►
◄ Danke schön.
Bitte schön. ►

6 Partnerarbeit.
Macht andere Dialoge am Telefon.

Klepzig Wilfried Johannes-17	**7 19 86**	
Klering Reinhard Langenau-104	**7 69 20**	

Böchel Rudolf Wellingsweg 9			Obtmeier Johann Hafen-9	**6 33 58**
Boechel Joh. Im Rauental 3	**40 99 71**			**3 79 61**
Boeckeler-Kraushaar H.	**4 44 84**	Obywatel Johannes		
Friedrich Wilhelm-72	**5 17 42**	1 Nebelflucht 5		

Kleinebrinker Heinrich **7 26 24**
Wilhelm-Brandes-20

Bohnenberger Hans Südal. 23a	**7 18 58**	
Bohnes Werner Kemmert-35	**1 89 89**	
Bohnstedt H. St. Martin-26	**2 24 91**	
Bojanowski Rainer Brünnchen 2	**28 02 15**	
Bokelmann Reinhard Antonius-9	**86 99 71**	

Neuenschwander	**3 78 47**
Kurt	
(Leb) Stromtal 81	
Neuerer Kurt	**5 17 26**
(Li) Am Fest 3	

Klerings Erich Urbarer-1B	
Klerx Reinhard Ellingsohl 16	**7 92 00**
	3 52 69

AH B ►

Wo wohnst du?

1 Hör gut zu und lies mit.

Wo wohnst du? | Ich wohne in Köln.

2 Was sagen sie?

AH C

Beispiel:

Ich wohne in Kiel.

3 Wo liegt das?

Beispiel:

Kiel liegt im Norden.

i	
N	im Norden
S	im Süden
O	im Osten
W	im Westen
NW	im Nordwesten
NO	im Nordosten
SW	im Südwesten
SO	im Südosten

AH D
AH E

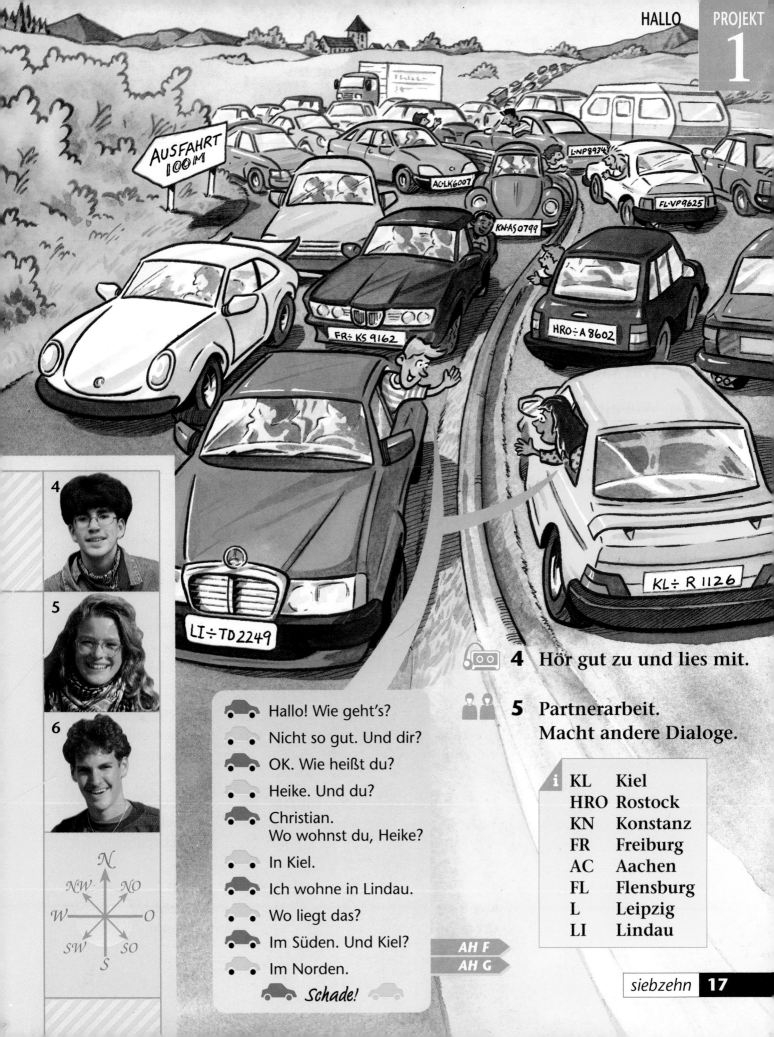

4 Hör gut zu und lies mit.

5 Partnerarbeit.
Macht andere Dialoge.

Hallo! Wie geht's?

Nicht so gut. Und dir?

OK. Wie heißt du?

Heike. Und du?

Christian.
Wo wohnst du, Heike?

In Kiel.

Ich wohne in Lindau.

Wo liegt das?

Im Süden. Und Kiel?

Im Norden.

Schade!

i
KL	Kiel
HRO	Rostock
KN	Konstanz
FR	Freiburg
AC	Aachen
FL	Flensburg
L	Leipzig
LI	Lindau

AH F
AH G

siebzehn **17**

Wie alt bist du?

1 Wie alt sind sie?

 2 Hör gut zu.
Was sagen sie?

Wie alt bist du?

i	11	elf	16	sechzehn
	12	zwölf	17	siebzehn
	13	dreizehn	18	achtzehn
	14	vierzehn	19	neunzehn
	15	fünfzehn	20	zwanzig

 3 Hör gut zu.
Wie alt sind sie?

i | Wie alt bist du? | Ich bin dreizehn.

AH H

1 Andreas ist
  a) zehn.
  b) elf.
  c) zwölf.

6 Claudia ist
  a) dreizehn.
  b) vierzehn.
  c) fünfzehn.

2 Maria ist
  a) zwölf.
  b) dreizehn.
  c) fünfzehn.

7 Klaus ist
  a) fünfzehn.
  b) sechzehn.
  c) siebzehn.

3 Ralf ist
  a) zwölf.
  b) dreizehn.
  c) vierzehn.

8 Gabi ist
  a) achtzehn.
  b) vierzehn.
  c) zwanzig.

4 Eva ist
  a) fünfzehn.
  b) sechzehn.
  c) siebzehn.

9 Michael ist
  a) sechzehn.
  b) siebzehn.
  c) achtzehn.

5 Mehmet ist
  a) elf.
  b) zwölf.
  c) dreizehn.

10 Anna ist
  a) elf.
  b) acht.
  c) neun.

**4 Partnerarbeit.
Welche Farbe?**

Beispiel:

Nummer 13?

A

Nummer 13 ist rot.

B

i
rot
grün
gelb
blau
schwarz
weiß
braun
rosa

AH I

**5 Zum Basteln: Himmel und Hölle.
Schau mal die Bilder an.
Mach auch eins!**

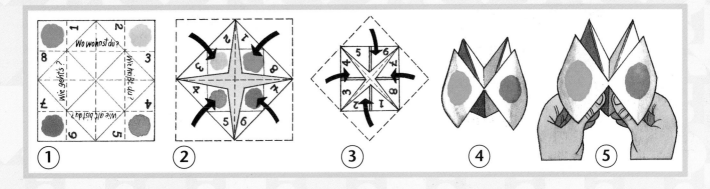

① ② ③ ④ ⑤

**6 Partnerarbeit.
Hört gut zu und lest mit.
Macht andere Dialoge.**

Welche Farbe?

1

Rot.

R - O - T

Eine Zahl?

2

Vier.

Eins - zwei - drei - vier.

Noch eine Zahl?

3

Drei.

Wie heißt du?

4

Wie heißt du?

Ich heiße ... Paul

AH J

Woher kommst du?

1 Hör gut zu. Was sagen sie?

2 Welches Land?

w Großbritannien
Spanien
Frankreich
Italien
Griechenland
Schottland
Belgien
Holland
Portugal
England
Dänemark
Wales
Irland
Deutschland
Österreich
Norwegen
Schweden
Nordirland
die Schweiz

AH K

3 Was sagen sie?

Beispiel:

> Ich komme aus Schweden.

i	Woher kommst du?	Ich komme aus	Großbritannien. Deutschland. der Schweiz.

AH L ▶

Der neue Freund

Die Schule beginnt

1 Partnerarbeit.
Was kostet das alles?

Beispiel:

Was kostet das Lineal? **B**

2,60 DM **A**

Was kostet –,90 DM? **A**

Der Bleistift. **B**

AH A

i

20 zwanzig	70 siebzig
30 dreißig	80 achtzig
40 vierzig	90 neunzig
50 fünfzig	100 hundert
60 sechzig	

1,10 DM eine Mark zehn
3,50 DM drei Mark fünfzig
–,95 DM fünfundneunzig Pfennig

w
der Anspitzer
der Bleistift
der Filzstift
der Kuli
der Radiergummi
der Rechner
die Tasche
das Buch
das Heft
das Lineal

2 Hör gut zu und lies mit.
Hast du alles dabei?

3 Partnerarbeit.
Macht andere Dialoge.

i

Hast du	einen Kuli?	Hier.
	ein Heft?	Leider nicht.
Haben Sie	eine Tasche?	
	Papier?	

AH B

Im Klassenzimmer

1 Partnerarbeit. Was ist das?

Beispiel:

A Nummer 1 - was ist das?

B Das ist eine Tür.

AH C

w			i	
der Computer	die Tafel		der Korb → ein Korb	
der Kassettenrecorder	die Tür		die Tür → eine Tür	
der Korb	die Wand		das Fenster → ein Fenster	
der Schrank				
der Stuhl	das Fenster			
der Tisch	das Klassenzimmer			

2 Hör gut zu und lies mit.
Wo ist dein Buch?

3 Partnerarbeit.
Macht andere Dialoge.

i Wo ist	dein Kuli?	Zu Hause.
	deine Tasche?	Ich weiß nicht.
	dein Heft?	Hier.

4 Hier sind Wortbilder.
Mach andere Bilder!

Was ist dein Lieblingsfach?

1 Partnerarbeit.
Welches Schulfach?

Beispiel:

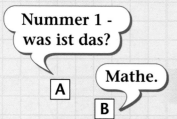

Nummer 1 -
was ist das?

A

Mathe.

B

 AH D

2 Hör gut zu und lies mit.

Mein Lieblingsfach ist Deutsch. Es ist fantastisch!

Musik ist super!

Ich finde Naturwissenschaften sehr gut!

Mein Lieblingsfach ist Erdkunde!

AH E

3 Wie findest du Deutsch, Mathe, Kunst, usw?
Was ist dein Lieblingsfach?

| Fantastisch | Sehr gut | Gut | OK | Schlecht | Furchtbar |

AH F

5

6

7

w Mathe	Religion
Deutsch	Geschichte
Englisch	Erdkunde
Französisch	Musik
Werken	Sport
Kunst	Naturwissenschaften
Informatik	

12

13

4 Hör gut zu.
Was ist hier falsch?

Stundenplan

⏰	Mo	Di	Mi	Do	Fr	Sa
1	Deutsch	Sport	frei	Geschichte	Mathe	Deutsch
2	Biologie	Geschichte	frei	Englisch	Sport	Deutsch
3	Mathe	Deutsch	Mathe	Chemie	Englisch	Musik
4	Erdkunde	Religion	Mathe	Werken	Deutsch	Werken
5	Englisch	Erdkunde	Deutsch	Kunst	Physik	frei
6	frei	frei	Englisch	frei	frei	frei

Wann hast du Deutsch?

Bücherwurm

WOCHENENDE IN SICHT!

AH G

5 Was hast du am Montag?
Wann hast du Deutsch?

AH H
AH I+M

i Am	Montag	habe ich	Mathe.
	Freitag		Kunst.
	Sonntag		keine
			Schule!

Schüler und Lehrer

Hier ist eine Klasse in Deutschland.
Schau mal - keine Uniform!

eine Lehrerin

ein Lehrer

eine Schülerin

ein Schüler

w der Lehrer
der Schüler
die Lehrerin
die Schülerin

i 21 einundzwanzig
22 zweiundzwanzig
23 dreiundzwanzig
24 vierundzwanzig
25 fünfundzwanzig
26 sechsundzwanzig
27 siebenundzwanzig
28 achtundzwanzig
29 neunundzwanzig
30 dreißig
31 einunddreißig

1 Wieviel Schüler und Schülerinnen?
Und in deiner Klasse?

AH J

2 Wie sind die Schüler in deiner Klasse?
Und wie sind die Lehrer?

Beispiel:
Hans ist laut.
Frau Müller ist nett.

laut

leise

streng

nett

schüchtern

freundlich

3 Wer sind sie?
Wie sind sie?

AH K

Beispiel:

Herr Trainer ist Sportlehrer. Er ist freundlich.

Frau Blaubild ist Kunstlehrerin. Sie ist nett.

①  Herr Trainer

②  Frau Blaubild

③  Herr Haudujudu

④  Frau Software

⑤  Herr Keyboard

⑥ Frau Einstein

⑦ Frau Hörtgutzu

⑧ Herr Acht

4 Hör gut zu.

Wie heißt dein Mathelehrer?

Herr Fendrich.

Wie ist er?

Er ist streng!

Wie heißt deine Sportlehrerin?

Frau Schwarz.

Wie ist sie?

Sie ist nett!

5 Partnerarbeit.
Macht andere Dialoge.

AH L

Das Schulspiel

Wir basteln einen Würfel!

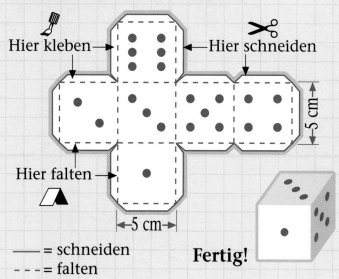

Hier kleben → ← Hier schneiden

5 cm

Hier falten →

←5 cm→

Fertig!

—— = schneiden
- - - = falten

AH N

Spielregeln:

1 Für den Start eine 1 würfeln.

2 Wenn man auf das Feld kommt, die Frage beantworten.

3 Richtige Antwort – auf dem Feld bleiben.
Falsche Antwort – zurück zum Start.

4 Der nächste ist dran.

5 Wer zuerst ans Ziel kommt, gewinnt.

Fragen:

Wieviel?
Welches Schulfach?
Was ist das?
Welche Farbe?
Hast du/Haben Sie ...?
Wie ist er/Wie ist sie?

AH O
AH P

Familie

Wer ist denn das?

 1 Hör gut zu und lies mit.

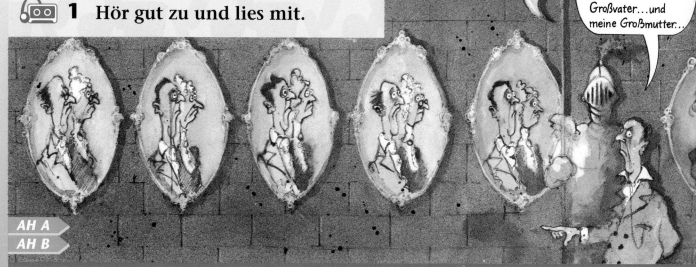

Darf ich meine Familie vorstellen! Das ist mein Großvater...und meine Großmutter...

AH A
AH B

2 Gruppenarbeit.
Hast du Familienfotos?
Zeig sie deinen
Klassenkameraden.

Beispiel:

Das ist mein Vater.
Das ist meine Mutter.

Wer ist das?

Das sind meine Eltern.
Das sind meine Großeltern.

> **i** der Vater –> mein Vater
> die Mutter –> meine Mutter
> die Eltern –> meine Eltern

3 Zum Lesen.
Hier ist Sebastians Fotoalbum.

Jan-Philip (7), Jennifer (3),
und ich (11)

Opa und Oma

Die ganze Familie!

i der Vater + die Mutter = die Eltern
der Großvater + die Großmutter = die Großeltern

w der Bruder
der Cousin
der Großvater
der Onkel
der Vater
die Cousine
die Großmutter
die Mutter
die Schwester
die Tante

**4 Partnerarbeit.
Beantwortet die Fragen.**

Beispiel: A   B

Wie heißt Sebastians Bruder?   Er heißt Jan-Philip.

Wer ist Jennifer?   Sie ist Sebastians Schwester.

B   A

Wie heißt Sebastians	Schwester? Cousin? Cousine? Tante? Onkel?
Wer ist	Isabella? David? Dominik? Hartmut?

Mutti und Vati
bei ihrer Hochzeit!

Tante Isabella und
Onkel Hartmut mit
David und Dominik

i Wie heißt ...?	Er/Sie heißt ...
Wer ist ...?	Er/Sie ist ...

AH C+F
AH D

fünfunddreißig **35**

Hast du Geschwister?

1 **1** Hör gut zu und lies mit.

2 Hast du Geschwister?

i	Ich habe	einen Bruder. eine Schwester.	Er Sie	heißt ...	Er ist ... Sie ist ...	Jahre alt.
		zwei Brüder. drei Schwestern.	Sie	heißen ...	Sie sind ...	
		keine Geschwister.	Ich bin Einzelkind.			

3 Partnerarbeit.
Was sagen sie?

Beispiel: Ich habe eine Schwester.

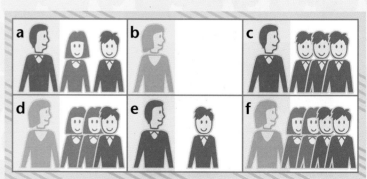

AH E

4 Wie sind deine Geschwister?

| nett | häßlich | intelligent | dumm | frech | brav | fleißig | faul |

5 Partnerarbeit. Stellt Fragen.

i	Wie ist	dein Bruder? deine Schwester?	Er ist Sie ist	brav. frech. faul.
	Wie sind	deine Brüder? deine Schwestern?	Sie sind	

6 Zum Lesen.
Eine deutsche Familie.

Liebe Laura !

Wir sind fünf Personen in der Familie – meine Mutter, mein Vater, mein Bruder, meine Schwester und ich. Mein Bruder heißt Joachim, und er ist neunzehn. Meine Schwester heißt Angelika. Sie ist fünfzehn und sehr schüchtern – aber sehr fleißig. Joachim ist nicht fleißig. Er ist faul und auch sehr laut. Meine Mutter ist sehr nett und freundlich. Mein Vater ist auch nett. Ich wohne mit meiner Mutter und den zwei Geschwistern in Bonn. Meine Eltern sind leider geschieden, und mein Vater wohnt allein in Köln. Ich habe auch einen Hund – einen Collie. Er heißt Laddie.

Deine Birgit

AH G

Hast du Haustiere?

Schau mal – Frau Bauer hat viele Haustiere!

 1 Hör gut zu.
Was ist das?

Beispiel:

> **w** der Fisch
> der Hund
> der Hamster
> der Papagei
> der Wellensittich
> die Katze
> die Maus
> die Schildkröte
> das Kaninchen
> das Meerschweinchen
> das Pferd

AH H

2 Welches Foto?
Finde das Foto für den Text.

a Ich habe eine Katze.

b Ich habe eine kleine weiße Maus. Sie heißt Mischa.

c Ich habe ein Pferd und auch einen Hund. Sie sind gute Freunde!

d Hier ist mein Meerschweinchen. Toffee ist sehr brav!

e Ich habe ein Kaninchen.

f Ich habe einen Goldfisch. Er heißt Georg. Ich habe auch einen Hamster.

3 Hast du Haustiere?

i	Ich habe	einen Hund.
		eine Katze.
		ein Kaninchen.
		zwei Hunde.
		drei Meerschweinchen.
		keine Haustiere.

4 Hör gut zu.
Zum Üben:

ch	Kaninchen
	Meerschweinchen

5 Partnerarbeit.
Was sagen sie?

Beispiel:

Ich habe einen Hund.

Und was sagt Frau Bauer?

6 Hör gut zu. Zum Üben:
Hier ist ein Zungenbrecher!

Manche Mädchen mögen Meerschweinchen.

Manche Mädchen mögen Meerschweinchen aber nicht!

7 Zum Lesen.

So alt werden Haustiere

Hunde
8 bis 18 Jahre

Katzen
9 bis 15 Jahre

Zwergkaninchen
5 bis 8 Jahre

Meerschweinchen
6 bis 8 Jahre

Mäuse
etwa 2 Jahre

Goldhamster
etwa 2 Jahre

Chinchillas
etwa 6 Jahre

Streifenhörnchen
etwa 5 Jahre

Prachtfinken
etwa 3 Jahre

Wellensittiche
5 bis 15 Jahre

Kleine Papageien
15 bis 20 Jahre

Große Papageien
50 bis 100 Jahre

Bist du tierlieb?

1 Hör gut zu.
Was sagen sie?

Mein Lieblingshaustier ist ein Hund.

Mein Lieblingshaustier ist...

| i | Mein Lieblingshaustier ist | ein Hund.
eine Katze.
ein Meerschweinchen. |

AH J

2 Partnerarbeit.
Stellt Fragen.

Beispiel:

Hast du ein Haustier?

Wie heißt er/sie/es?

Welche Farbe hat er/sie/es?

Wie alt ist er/sie/es?

Wie ist er/sie/es?

| i | Ich habe einen Hund ... Er heißt Bobo.
Ich habe eine Katze ... Sie ist 5 Jahre alt.
Ich habe ein Pferd ... Es ist schwarz. |

groß · klein
jung · alt
freundlich · unfreundlich

AH K
AH L

W

AH M

3 Zum Lesen.

An alle Tierfreunde!

a Entflogen. Wellensittich.
1 Jr alt. gr. / glb. Sehr frech.
Tel: 56 98 48

b Gefunden am 23 / 2 in
München – Giesing.
Schäferhund.
Tel: 96 47 05

c Gesucht: Katze. „Susi",
schwarzwß., 4 Jhr. alt.
Sehr freundlich u. kinderlieb.
Tel: 97 55 31

d Süße, weiße Mäuse
kostenlos abzugeben.
Tel: 86 56 39

e Katzenbabys, silber u.
andere Farben,
zu verkaufen
Tel: 97 60 37

4 Bist du tierlieb?
Welche Tiere hast du gern?
Welche Tiere hast du nicht gern?

Hunde   Katzen   Pferde

Mäuse

Schlangen

Spinnen

Ratten

AH N

5 Gruppenarbeit.
Frag die anderen in der Klasse.

i Hast du	Tiere Hunde Ratten	gern?	Ja, ich habe	Tiere Hunde Ratten	sehr gern. gern.
			Nein, ich habe		nicht gern. gar nicht gern.

Hänsel und Gretel

W **1** Zum Lesen: ein Märchen.
Was ist die richtige Reihenfolge?

2 Hör gut zu und lies mit.
Hier ist die richtige Reihenfolge.

3 Kennst du das Märchen *Hänsel und Gretel*?
Mach das Quiz.

AH O

i	ein Käfig
	ein Wald
	eine Hexe
	ein Feuer
	ein Haus
	ein Häuschen

4 Sie finden im Wald
a) eine Katze.
b) eine Hexe.
c) eine Schildkröte.

8 Die Hexe ist
a) nett.
b) unfreundlich.
c) schüchtern.

1 Hänsel ist
a) ein Junge.
b) ein Meerschweinchen.
c) ein Mädchen.

5 Die Hexe ist
a) jung.
b) schön.
c) häßlich.

9 Die Hexe fällt
a) in das Feuer.
b) in den Käfig.
c) in den Wald.

2 Gretel ist
a) Hänsels Mutter.
b) Hänsels Bruder.
c) Hänsels Schwester.

6 Sie wohnt in
a) einem Haus.
b) einem Häuschen.
c) einer Schule.

10 Hat das Märchen
ein Happy-End?
a) Ja.
b) Nein.
c) Ich weiß nicht.

3 Sie sind
a) Haustiere.
b) Geschwister.
c) Cousin und Cousine.

7 Hänsel schreit
a) Hallo! Wie geht's?
b) Auf Wiedersehen!
c) Hilfe! Hilfe!

AH P

✂ **4 Zum Basteln: Hexenhäuschen aus Lebkuchen.**

Ein Rezept
Zutaten für Lebkuchenteig.

500g flüssiger Honig
300g–400g Zucker
2 Teelöffel Zimt
1/2 Teelöffel gemahlene Nelken
3 Eier
1000g Mehl
2g Backpulver
Zuckerguß: ein Eiweiß + 250g Puderzucker

Methode
1 Den Teig machen und ausrollen.
2 Häuschenteile ausschneiden.
3 Häuschenteile backen (etwa 25–30 Minuten).
4 Häuschen mit dem Zuckerguß zusammenkleben.
5 Mit Keksen, Lebkuchen usw. verzieren.

Wann hast du Geburtstag?

Geburtstag

1 Schau mal die Jahreszeiten und Monate an.

Winter

Dezember

Januar

Februar

Frühling

März

April

Mai

Sommer

Juni

Juli

August

Herbst

September

Oktober

November

2 Hör gut zu und lies mit.

 3 Hör gut zu und lies mit.

i Am ...	Am ...
1.	ersten
2.	zweiten
3.	dritten
4.	vierten
5.	fünften
6.	sechsten
7.	siebten
8.	achten
9.	neunten
10.	zehnten
11.	elften
12.	zwölften
13.	dreizehnten
14.	vierzehnten
19.	neunzehnten
20.	zwanzigsten
21.	einundzwanzigsten
29.	neunundzwanzigsten
30.	dreißigsten
31.	einunddreißigsten

4 Wann hast du Geburtstag?

AH B
AH C
AH D

i Im	Winter.	
	Dezember.	
Am	ersten	Oktober.
	zehnten	Januar.

Ich habe heute Geburtstag

 1 Partnerarbeit.
Lest die Dialoge A und B.
Macht die Dialoge C, D, E und F.

 2 Hör gut zu.
Sind die Dialoge richtig?

3 Hör gut zu und lies mit.

A Wann hat Ute Geburtstag?

14 März

B Im Frühling. Sie hat am vierzehnten März Geburtstag.

A Wann hat Christian Geburtstag?

6 Dez

B Er hat am sechsten Dezember Geburtstag.

4 Partnerarbeit.
Macht andere Dialoge.

5 Partnerarbeit.
Macht das Lehrbuch zu.
Stellt Fragen. *Beispiel:*

A Wann hat Carsten Geburtstag?

B Am zwölften Oktober.

6 Gruppenarbeit.
Frag die anderen in der Klasse.

i	Wann	hast du hat Martin hat Eva haben Paul und Anna	Geburtstag?	Am	zweiten zehnten	Mai. Juli.

AH E
AH F
AH G

Was hast du bekommen?

1 Hör gut zu.

Ich habe heute Geburtstag!

Ich gratuliere! Was hast du bekommen?

Ich habe eine Kassette bekommen, und...

Geschenke

Aha!

Wie süß!

Gute Farbe!

Toll!

Super!

Fantastisch!

Du hast es gut!

Du spinnst!... Ach so!

2 Partnerarbeit
Was sagen sie?

Ich habe	einen Fotoapparat	bekommen.
Er hat	eine Kassette	
Sie hat	ein Buch	

w der Fotoapparat
der Porsche
der Rechner
die Kassette
die Katze
das Buch
das Computerspiel
das Fahrrad
das T-Shirt

3 Partnerarbeit.
Macht das Lehrbuch zu.

Beispiel:

Was hat
Claudia bekommen?
A

Sie hat eine Kassette
bekommen.
B

Sie hat eine Kassette
und ein Buch bekommen
C

 4 Zum Vorlesen: ein Gedicht.
Hör gut zu und dann lies mit.

Was ich von meinen neun Tanten zum Geburtstag bekommen habe.

*Von Tante Wilhelmine
eine Mandarine,*

*von Tante Grete
eine Trompete,*

*von Tante Adelheid
ein Sommerkleid,*

*von Tante Beate
eine Tomate,*

*von Tante Liane
eine Banane,*

*von Tante Veronika
eine Harmonika,*

*von Tante Emilie
eine Lilie,*

*von Tante Kunigunde
zwei lustige Hunde,*

*von Tante Erika
eine Karte aus Amerika!*

AH H
AH I

Was machst du?

 1 Hör gut zu.
Mehmet macht eine Umfrage.
Was machst du an deinem Geburtstag?

AH 1

i Ich	gehe	schwimmen. ins Kino. in die Disco.
	gebe eine Party.	
	trinke Apfelsaft.	
	esse Kuchen.	
	mache nichts.	
	bleibe zu Hause.	

Was machst du an deinem Geburtstag?

Gehst du aus?

Gibst du eine Party?

Was ißt du?

Was trinkst du?

Ich gehe ins Kino.

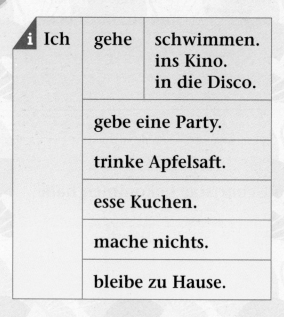 **2** Partnerarbeit.
Was trinkst du?
Was ißt du?

Beispiel:

Nummer 1

A B

Ich trinke Cola und ich esse Chips.

Ich esse Kuchen und Chips.

B A

Nummer 7

w	der Apfelsaft der Kuchen der Orangensaft die Cola die Limonade das Eis

1

2

3

4

5

6

7

8

3 Gruppenarbeit.
Frag die anderen in der Klasse.

Gib die Informationen in den Computer ein.
Mach eine Graphik.

AH K
AH L

Alles Gute zum Geburtstag!

1 Zum Lesen.
Hier sind fünf Geburtstagskarten.

das ist eine Geburtstagskarte

das ist ein Glückwunsch

Zum Geburtstag viel, viel Glück!

A

Alles Gute zum Geburtstag!

B

Alles Liebe zum Geburtstag

C

2 Mach das Quiz.
Schau mal die Karten an.
Was ist hier falsch?

A Das Nilpferd hat Glück.
Zum Geburtstag hat es ein Hufeisen,
einen Würfel, ein Kleeblatt und
100 DM bekommen.

B Die Luftballons sind rot, gelb,
rosa und blau.

C Der Regenbogen bringt alles
Liebe zum Geburtstag.
Die Kiste ist grün.

D Mit den allerherzlichsten
Glückwünschen kommen
38 Geschenke.

E Drei kleine Katzen sitzen auf
einem Stein und wünschen
alles Gute zum Geburtstag.

Zum Geburtstag
die allerherzlichsten
Glückwünsche!

das ist ein
Luftballon

D

das ist ein
Geschenk

E

3 Zum Basteln: wir machen eine Geburtstagskarte.

Du brauchst buntes Papier, Filzstifte und eine Schere.

Schreib einen schönen Glückwunsch, zum Beispiel: Alles Gute!

Mal ein Bild, zum Beispiel: bunte Luftballons, eine Katze oder ein Geschenk.

 4 Wir basteln einen Kalender.

1 Drei identische Streifen aus einem Stück Pappe ausschneiden.

2 Einen Streifen mit den Wochentagen, einen mit den Zahlen 1–31 und einen mit den Monaten beschriften.

Montag   Dienstag   Mittwoch   Donnerstag   Freitag

1 2 3 4 5 6 7 8 9 10 11 12 13 14 15 16 17 18 19 20 21 22 23 24 25 26 27 28 29 30 31

Januar Februar März April Mai Juni Juli August September Oktober November Dezember

3 Ein quadratisches Stück Pappe schneiden.

4 Schlitze in die Pappe schneiden, damit man den Wochentag, die Zahl und den Monat sieht.

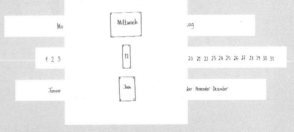

Den wievielten haben wir heute?

Was ist dein Hobby?

1 Hör gut zu und lies mit.
Was ist dein Hobby?

A Mein Hobby ist Skateboardfahren.

B Mein Hobby ist Tanzen.

C Mein Hobby ist Musik.

D Mein Hobby ist Computerspiele.

E Mein Hobby ist Reiten.

F Ich habe kein Hobby. Doch! Fernsehen!

2 Was sind deine Hobbys?

Beispiel:

Meine Hobbys sind Fernsehen und Angeln und Sport.

Meine Hobbys sind Schach und Karten und Lesen.

w	Angeln
	Computerspiele
	Fernsehen
	Karten
	Lesen
	Musik
	Reiten
	Rollschuhfahren
	Schach
	Skateboardfahren
	Sport
	Tanzen

i Mein Hobby ist Rollschuhfahren.

Meine Hobbys sind Lesen und Musik.

Ich habe kein Hobby.

AH A

3 Was ist das?

Beispiel: A = Fernsehen

A B C D E F G H

 4 Hör gut zu. Zum Üben:

Sch!	Sp!	St!
Tisch, Tischtennis, Schuh, Turnschuh, Schlittschuh, Schwimmen, Skilaufen.	Sport, Spiel, Spaß Ich treibe Sport Das macht mir Spaß.	Start, Stein, Stern, Stuhl.

5 Zum Lernen.
Hier ist ein Gedicht.
Hör gut zu.

*Schwan, weiß wie Schnee,
schwimm über den See.
Schwimm, schwimm, Schwan,
schwimm zu uns heran.*

*Schwan, schwimm, schwimm!
Schwimm, Schwan, schwimm!
Schwimm, schwimm, Schwan!
Da kommt er bei uns an.*

Josef Guggenmos

Bist du sportlich?

AH B
AH C

1 Hör gut zu.
Was sagen sie?

a Ich spiele Tennis.

b Ich spiele Golf.

c Ich spiele Fußball.

e Ich spiele Tischtennis.

d Ich turne.

h Ich treibe keinen Sport. Ich sehe fern.

f Ich schwimme.

g Ich spiele Korbball.

2 Treibst du Sport?
Was machst du?

i Ich	spiele	Tennis. Fußball.
	schwimme. turne.	
	treibe keinen Sport.	

3 Was für ein Hobby ist das?

Beispiel: A = Basketball

Badminton
Basketball
Fußball
Golf
Korbball
Schwimmen
Tennis
Tischtennis
Turnen
Volleyball

PUMA CLUB-TOP
Nocken-Fußballschuh aus Leder/Synthetik für Rasen und harte Böden. Zweifarbige Gumminockensohle.
Gr. 3–12 **599,–**

ROMBO BEACH VOLLEYBALL
Handgenähter Synthetik-/Polyesterball aus der amerikanischen Beach-Volleyballiga, mit angenehmem Touch, Gr. 5.
statt–* **359,–**

MINIBASKETBALLKORB
mit Befestigungsschrauben für die Wand, oder für die Türe zum Einhängen.
39,90

TISCHTENNISBÄLLE
bekannter Marken und verschiedenster Qualitäten.
bereits ab 29,–/6Stk

GOLFSCHLÄGER
für Damen und Herren.
79,–

NATUR-FEDERBALL.
Geschwindigkeit slow.
12er Dose **22,90**

ULTRA SEA BIRD MP
Rahmen ohne Saite.
349,–

SCHWIMMBRILLE „RACE"
Großes Sichtfeld, Antifog.
149,–

4 Partnerarbeit.
Was sagen sie?

AH D
AH E

Was machst du gern?

1 Hör gut zu und lies mit.
Was machst du gern?
Was machst du nicht gern?

2 Partnerarbeit.
Was sagen sie?

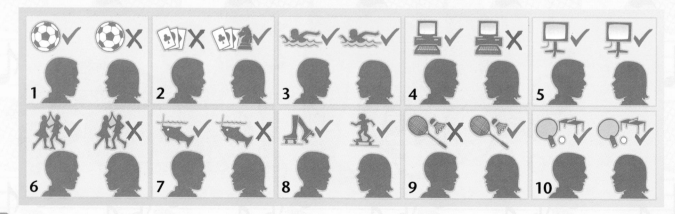

AH F

58 *achtundfünfzig*

3 Hör gut zu und lies mit.
Was ist dein Lieblingshobby?

AH G

4 Hör gut zu. Zum Üben:
Hier ist ein Zungenbrecher!

Hier ist ein Witz!

i Was machst du gern?	Ich spiele gern Fußball.
	Ich fische sehr gern.
	Ich spiele gern Korbball.
	Ich fahre gern Rollschuh.
Was machst du nicht gern?	Ich spiele nicht gern Karten.
	Ich schwimme nicht gern.
Was ist dein Lieblingshobby?	Mein Lieblingshobby ist Reiten.
	Ich spiele am liebsten Tennis.

AH H
AH I

Musik und Sammlungen

AH J
AH K
AH L

1 Hör gut zu.
Hier sind Instrumente.
Wie heißen sie?

Blockflöte
Gitarre
Trompete
Keyboard
Klavier
Schlagzeug

A

B

C

D

E

F

2 Hör gut zu und lies mit.
Ein Interview.

Was spielst du Carola?

Seit wann?
... seit 6 Monaten?,
seit 3 Jahren...

Spielst du gern?

3 Spielst du ein Instrument?
Was spielst du?

AH M

i   Ich spiele   Klavier.
Trompete.
kein Instrument.

4 Hier sind Sammlungen.
Sammelst du etwas?
Was sammelst du?

> i Ich sammele   Aufkleber.
> Schlüsselringe.
> nichts!

nichts

Briefmarken   **Postkarten**   **Computerspiele**   **Münzen**

Aufkleber   **Modellautos**   **Schlüsselringe**   **Steine**   **Puppen**

AH N

5 Hör gut zu und lies mit.
Welche ist die interessanteste Sammlung?
Was meinst du?

AH O

Was machst du am Wochenende?

1 Hör gut zu.
Finde die Kinder.

AH P

2 Partnerarbeit.
Was machen sie?

Beispiel: Was macht Nummer 9?   Sie spielt Karten.

A   B

i machen		spielen	sitzen	sammeln	fahren	sehen
was machst du?	ich	spiele	sitze	sammele	fahre	sehe
was macht Peter?	er	spielt	sitzt	sammelt	fährt	sieht
was macht Antje?	sie	spielt	sitzt	sammelt	fährt	sieht
was machen Susi und Dirk?	sie	spielen	sitzen	sammeln	fahren	sehen

3 Gruppenspiel.
Hier ist ein Kartenspiel für zwei bis vier Personen.
Findet Spielkarten. Lest und spielt mit.

Vorbereitung:	*Mau mau*
1 Karten mischen.	**Das Ziel des Spieles:** • Alle sieben Karten loswerden.
2 Karten austeilen. Sieben pro Person.	**Das Spiel beginnt:** • Der erste legt eine Karte auf die umgedrehte Karte. • Die Farbe (schwarz oder rot) oder Zahl muß passen.
3 Den restlichen Stapel auf den Tisch legen.	• Wenn nicht, nimmt man eine neue Karte von dem Stapel. • Der nächste ist dran. • Bei 7 muß der nächste zwei Karten nehmen.
4 Eine Karte umdrehen.	• Bei 8 spielt der nächste nicht. • Wenn man nur noch eine Karte hat, sagt man: „Mau!" • Wenn man alle Karten loswird, sagt man: „Maumau!"

4 Gruppenspiel.
Was ist dein Hobby?
Mach eine Pantomine.

Beispiel:

> Sammelst du etwas?

A

> Spielst du ein Instrument?

B

> Treibst du Sport?

C

5 Zum Lesen.

TREFFPUNKT

◄ **Hello, Boys!** Wer hat Lust, einem 14jährigen Stiergirl zu schreiben? Meine Hobbys sind Reiten, Reden, Telefonieren, Briefe schreiben, Disco, Tanzen, usw. Schreibt schnell mit Foto an: Nadia Endenberger, Möhringenstr. 120, W-7000 Stuttgart 1.

► **Einsamer Stier-Boy** (16) sucht Leute, die Lust zum Schreiben haben. Hobbys: Karate, Tanzen, Schwimmen, Lesen. Ihr solltet zwischen 14–18 sein. Schreibt bitte mit Foto an: Heiko Conradt, Hauptstraße 98, O-8500 Seeligstadt.

◄ **Hi!** Ich bin ein lustiges Jungfrau-Girl (14) und suche Brieffreunde aus aller Welt von 14–16. Hobbys: Musik hören, Tanzen, Fernsehen. Schreibt an: Melanie Wustmann, Hauptstr. 46, O-4811 Oerlinghausen.

► **Hallo!** Hast du Lust, mir in deutsch oder englisch zu schreiben? Ich bin ein 15jähriger Boy, höre gern Musik, spiele gern Tennis, Gitarre, tanze Rock'n'Roll, und beantworte gerne Deine Post. Bitte schreib (mit Foto) an: Frank Schindhelm, Postfach 68, CH-4937 Gams.

AH Q
AH R

Fernsehen

Was siehst du gern?

1 Was siehst du gern im Fernsehen?

i Ich sehe	gern nicht gern	Dokumentarfilme. Sportsendungen.

w
der Film
die Sendung
. . . .
der Dokumentarfilm
der Trickfilm
der Werbespot
die Musiksendung
die Quizshow
die Serie
die Sportsendung
die Wettervorhersage
die Nachrichten

C
Dokumentarfilme

A
Nachrichten

D
Serien

B
Musiksendungen

E
Quizshows

8·00 *Leichtathletik – WM* **Mit sieben Finals**

Beide sind hübsch und schnell wie der „Blitz": Merlene Ottey aus Jamaika und unser Blondschopf Katrin Krabbe. Über 100 m treffen sie heute aufeinander. Doch Vorsicht: Die Russin Irina Sergejewa ist zu beachten!

Flotte Ottey, kesse Krabbe: Zwei Sprinterinnen auf der Jagd nach „Flo Jo's" Fabel-Rekord

LIVE AUS TOKIO

3 Was für eine Sendung ist das?

Beispiel:
Leichtathletik –WM
ist eine Sportsendung.

AH A
AH B
AH C

Nichts als Ärger in ihrem Beruf: Dangermouse und Lübke im Einsatz

 15·03 **Spaß am Dienstag**

Filme, nichts als Filme

Ekel Baron Etzmolch schreckt vor nichts zurück. Diesmal vergreift er sich an dem Londoner Wahrzeichen. Dangermouse und Assistent Lübke müssen eingreifen . . .

James mit seiner Frau Helen (Christopher Timothy, Lynda Bellingham)

Talk täglich

 16·03 **Ost- und West-Jugendliche**

Herbst '89: Die Mauer ist gefallen. Sommer '90: Begegnung zwischen Jugendlichen in Ost und West. Sommer '91: Ist die innere Mauer zu überwinden?

Bleibt Berlin – zumindest für Jugendliche – eine geteilte Stadt?

Der Doktor und das liebe Vieh

Der Tag des Umzugs

Der Tag des Umzugs ist gekommen. James und Helen übersiedeln mit ihren Kindern in ihr eigenes Haus. James arbeitet jedoch auch an diesem Tag.

 16·45

2 Partnerarbeit.
Stellt Fragen zusammen.

F
Sportsendungen

Beispiel:

Wie findest du Sportsendungen?

A

Langweilig!

B

G
Filme

I
Trickfilme

H
Wettervorhersagen

J
Werbespots

FERNSEH-KRITIK

★★★	fantastisch
★★	sehr gut
★	gut
	OK
★	nicht so gut
★	schlecht

lustig

spannend

langweilig

blöd

interessant

4 Hör gut zu und lies mit.
Was siehst du am liebsten im Fernsehen?

Was siehst du am liebsten im Fernsehen?

Was ist deine Lieblingssendung?

Meine Lieblingssendung ist „Der Preis ist heiß!"

Wie findest du das?

Am liebsten sehe ich Trickfilme wie „Mein Name ist Hase."

Fantastisch!

AH D

Wie oft siehst du fern?

1 Hör gut zu und lies mit.

2 Wie oft siehst du fern?
Und wann?

3 Hör gut zu.
Hier ist eine Fernsehumfrage.
Wie antworten Maria, Klaus, Michael und Anna?

AH F

FERNSEHUMFRAGE! SIEHST DU VIEL FERN?

1 Wie oft siehst du fern?
  a) Jeden Tag
  b) Ab und zu
  c) Fast nie

2 Wann siehst du meistens fern?
  a) Tagsüber
  b) Abends
  c) Tagsüber und abends

3 Wie lange siehst du pro Tag
an Wochentagen fern?
  a) Eine Stunde
  b) Zwei bis drei Stunden
  c) Mehr als drei Stunden

4 Wie lange siehst du pro Tag
am Wochenende fern?
  a) Eine Stunde
  b) Zwei bis drei Stunden
  c) Mehr als drei Stunden

5 Was siehst du normalerweise
im Fernsehen?
  a) Alles!
  b) Nur meine Lieblingssendungen
  c) Nicht sehr viel

Wie war es?			
1	a=3	b=2	c=1
2	a=2	b=1	c=3
3	a=1	b=2	c=3
4	a=1	b=2	c=3
5	a=3	b=2	c=1

5–8 Punkte:
Du siehst gar nicht viel fern!
9–12 Punkte:
Du siehst sehr gern fern!
13–15 Punkte:
Mensch! Du bist ein großer Fernsehfan!

AH G

Wie spät ist es?

1 Hör gut zu und lies mit.

2 Hör gut zu.
Wie spät ist es?

3 Partnerarbeit.
Wie spät ist es?

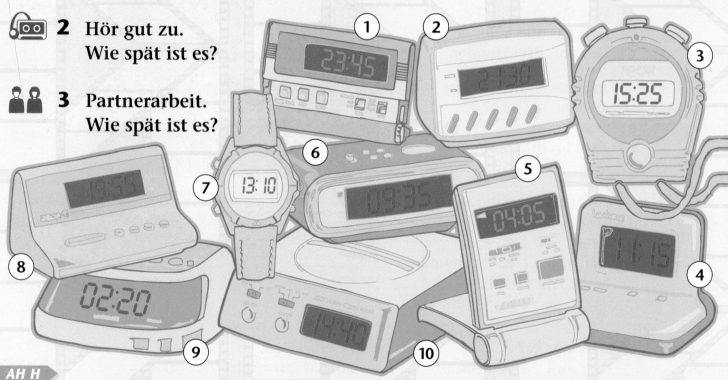

AH H

i Wie spät ist es?	Es ist	ein	Uhr	fünf.
		zwei		fünfzehn.
Wann beginnt...?	Um	zwölf		fünfunddreißig.
endet...?		fünfzehn		vierzig.

4 Partnerarbeit.
Stellt Fragen zusammen.

Beispiel:

> Wann beginnt *Teleshop*?

A B

> Um fünfzehn Uhr fünfunddreißig.

> Und wann endet *Teleshop*?

B A

> Um fünfzehn Uhr fünfzig.

AH I

5 Partnerarbeit.
Stellt Fragen zusammen.

Beispiel:

> Wie lange dauert *Teleshop*?

A B

> Fünfzehn Minuten.

> **i** 60 Sekunden = eine Minute
> 60 Minuten = eine Stunde
> 24 Stunden = ein Tag

AH J+N
AH K

SAT 1 — 27. August DI

6.00 Guten Morgen mit SAT 1
8.30 SAT 1 Blick Schlagzeilen
8.35 Nachbarn Austral. Serie (Wh.)
9.00 SAT 1 Blick Schlagzeilen
9.05 General Hospital US-Serie (Wh.)
9.50 Teleshop
10.05 SAT 1 Blick Schlagzeilen
10.10 Unser kleines Theater
Die drei Dorfheiligen Mit Peter Steiner sen. (Wh. von gestern) Dazwischen: Börsen-Telegramm Anschließend: Zeichentrickfilm
12.05 Glücksrad Gewinnspiel (Wh.)
12.45 Tele-Börse live aus Frankfurt/M.
13.35 Bingo Gewinnspiel (Wh.)
14.00 Police Academy US-Zeichentrickserie
14.25 General Hospital US-Familienserie Jeremy ist unglücklich (Wh.)
15.10 Nachbarn Australische Familienserie **Ein nächtlicher Besucher** Der Streit zwischen Paul und Helen spitzt sich zu. Alle Versöhnungsversuche Pauls scheitern. Unterdessen versucht Charlene herauszufinden, wer um ihren Wohnwagen schleicht.
15.35 Teleshop
15.50 Bonanza US-Westernserie **Der Kaiser von Amerika** Mit Lorne Greene, Michael Landon, Sam Jaffe Joshua Norton war einst ein mächtiger Kaufmann. Jetzt ist er ein wunderlicher Alter, der sich für die Armen einsetzt. Politische Feinde wollen ihn für unzurechnungsfähig erklären lassen. Ben Cartwright versucht, Norton zu helfen.
16.45 Feste feiern Volksmusik (Wh.) **Oktoberfest** Mit Marianne und Michael; Münchner Stadtmusikanten, Wolfgang Fierek, Maxl Graf u. a.
17.40 SAT 1 Blick Schlagzeilen / Wetter

17.45 Regionales Bayern Bingo. Spielshow / 18.00 Bayern aktuell. Magazin / 18.30 Bingo. 2. Teil. Bis 18.45 Uhr

Andere Bereiche / Parabol-Antenne
17.50 Drei Mädchen und drei Jungen US-Comedyserie. Wirklichkeitsnah Mit Robert Reed, Ann B. Davis
18.15 Bingo Gewinnspiel Mit Wolf-Dieter Herrmann *Informationen zum Bingo: Seite 16*
18.45 Guten Abend, Deutschland
19.15 Glücksrad Gewinnspiel

20.00 MacGyver
US-Krimiserie **Gewalt gegen Gewalt**

Mac Gyver (Richard Dean Anderson) begutachtet ein Projekt, das Jugendlichen aus der Drogenkriminalität heraushelfen soll

20.55 SAT 1 Blick Schlagzeilen
21.00 Die Kadetten von Bunker Hill US-Spielfilm von 1981 Mit George C. Scott, Timothy Hutton, Ronny Cox, Tom Cruise. Regie: Harold Becker. Deutsche Fernsehpremiere Die altehrwürdige Militärakademie von Bunker Hill soll geschlossen werden. Die ehrgeizigen Kadetten lehnen sich dagegen auf und besetzen unter der Führung des fanatischen Generals Harlan Bache das Gebäude. Vergeblich versucht der verständnisvolle Colonel Kerby zu vermitteln. Doch dann rückt die Nationalgarde an – zum Gefecht bereit . . . **130 Min.**

Verblendet: der schießwütige David (Tom Cruise, l.), Streber Brian (Timothy Hutton, M.) und der sensible Alex (Sean Penn)

„Selten zuvor sind in einem neueren Film Worte wie Ehre und Soldatentugend so unpathetisch und dennoch so aufrüttelnd benutzt worden", lobte „Die Welt" nach dem Kinostart.

23.10 Spiegel TV Reportage
23.40 SAT 1 Blick und Sport
23.55 Auf der Flucht US-Krimiserie **Alpträume** (Wh.) Mit David Janssen, Paul Birch Kimble rettet mehrere Kinder aus einem brennenden Schulbus. Dabei erleidet er einen Schock. Als er wieder zu sich kommt, findet er sich im Bett des örtlichen Sheriffs wieder.
0.45 MacGyver (Wh. v. 20.00 Uhr)
1.35 Vorschau Anschl.: **Videotext**

i Eine	Stunde	zehn	Minuten.
Zwei Drei	Stunden	zwanzig dreißig fünfundfünfzig	

Wer ist dein Lieblingsstar?

 1 Hör gut zu.
Beantworte diese Fragen.

 2 Zum Lesen.
Beantworte diese Fragen.

Wie heißt er?
Wie alt ist er?
Wann hat er Geburtstag?
Woher kommt er?
Was sind seine Hobbys?
Wo wohnt er?
Wie heißen seine Filme?
Wie findest du ihn?

W Wann?
Was?
Wer?
Wie?
Wo?
Woher?

Name: H. Dolph Lundgren
Geburtstag: 3.11.59
Geburtsort: Stockholm, Schweden
Größe: 1,98 m
Gewicht: ca. 105 kg
Haarfarbe: Blond
Augenfarbe: Blau
Auto: Lamborghini Jalpa, Jeep
Hobbys: Schlafen, Musik, Partys
Lieblingsstars: Jack Nicholson, Steve McQueen
Wohnort: Villa in Hollywood

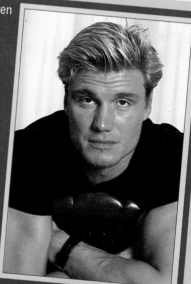

Facts:
• Mit 18 Stipendium für Studium in USA (Naturwissenschaften)
• Danach Studium in Australien und Schweden, Diplom-Ingenieur (Chemie)
• Anderthalb Jahre Militärdienst
• Spricht fünf Sprachen, auch Deutsch und Japanisch
• In Sydney lernte Dolph Grace Jones kennen und lieben, sie verhalf ihm zur Rolle im James-Bond-Film „Im Angesicht des Todes" (1984)
• Weitere Filme: „Masters of the Universe" (1987), „Red Scorpion" (1988), „The Punisher" (1988) und „Dark Angel" (1990)

AH L
AH M

W 3 Zum Lesen.

AH O

Stars unter vier Augen

PATRICK BACH

BRAVO: In deiner neusten Rolle spielst du den Rollstuhlfahrer Rainer. War das Rollstuhlfahren hart?

PATRICK: Ja, für die Arme schon.

BRAVO: A propos Sport, was machst du alles?

PATRICK: Mein Gott, sportlich! Im Verein mache ich nur Volleyball und Jiu-Jitsu, sonst alle möglichen Ballsportarten. Außerdem Tauchen, Surfen, Motocross und Reiten.

BRAVO: Hast du dein Pferd noch?

PATRICK: Ja, es ist in Spanien, bei meiner Mutter. Es ist jetzt elf Jahre alt.

BRAVO: Was treibst du in deiner Freizeit?

PATRICK: Nur wenig. Ich habe viel zu tun in der Schule. Donnerstags habe ich Volleyball-Training, und für Fernsehen habe ich fast keine Zeit.

BRAVO: Sammelst du irgend etwas?

PATRICK: Ja ich sammele gern Straßenschilder. Ich habe auch 150 Stofftiere in meiner Sammlung.

◀ *Patrick Bach als Rollstuhlfahrer Rainer mit Freundin Anna (Silvia Seidel)*

AH P

Schalt doch an!

 **1** Gruppenarbeit.
Mach eine Klassenumfrage.
Schreib Fragen.
Frag die anderen
in der Klasse.

UMFRAGE	Name:	Name:	Name:
Was siehst du gern?			
Was ist deine Lieblingssendung?			
Wie oft siehst du fern?			
Wer ist dein Lieblingsstar?			

 2 Zum Basteln.
Hat deine Klasse eine Videokamera und ein Videogerät?
Wenn nicht, keine Angst!
Ein Pappkarton reicht!

Du brauchst   einen Pappkarton.
                 eine Schere.
                 ein Lineal.
                 eine Rolle Papier.
                 zwei Holzstangen.
                 einen Kassettenrecorder.

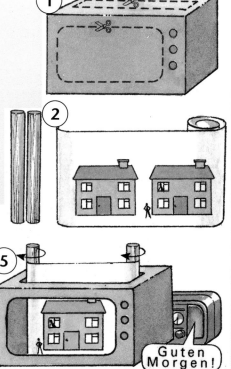

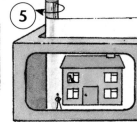

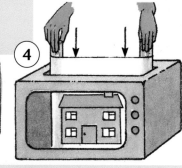

3 Was sieht dieser Mann
im Fernsehen?
Mach andere Zeichnungen!

4 Spaß mit der Sprache!
Hier sind Gedichte.
Schreib ein Gedicht.

Ich sehe fern
Ich sehe gern fern
Ich sehe **sehr** gern fern
Ich sehe immer **sehr** gern fern
Ich sehe immer **um sechs Uhr** fern
Ich sehe **nicht** immer **um sechs Uhr** fern

Ich sehe **nicht** immer **um acht Uhr** fern
Ich sehe immer **um acht Uhr** fern
Ich sehe **nicht** immer gern fern
Ich sehe **nicht** gern fern
Ich sehe **nicht** fern
Ich sehe fern

Wie lernst du Deutsch?

Kommunikation

1 Was kannst du?
Was ist das wichtigste?

Deutsch sprechen	Deutsch hören und verstehen
Deutsch lesen	Deutsch schreiben

2 Schau mal die Fotos an.
Wie lernst du Deutsch?
Was hilft dir?
Mach eine Liste.

AH A

3 Was ist wichtig für Kommunikation mit anderen?
Was ist das wichtigste?

4 Partnerarbeit.
Stellt Fragen.

Beispiel:

Wo ist der Computer?
A   B
In der Mitte.

Was ist oben links?
A   B
Das Radio.

oben links	**oben**	oben rechts
links	**in der Mitte**	**rechts**
unten links	**unten**	unten rechts

AH B

▲ **das Radio**

▲ **die Zeitschrift**

▲ **der Brieffreund**
die Brieffreundin ▲

▲ **das Videogerät**

▲ **die Partnerschule**

die Klasse ▲ ▲ die Post

das Lehrbuch ▲ ▲ das Wörterbuch

der Lehrer ▶

der Computer ▲

das Telefon ▲ ▲ der Kassettenrecorder

die Lehrerin ▲

das Satellitenfernsehen ▶

das Fernsehen ▲

die Zeitung ▲

Ohne Worte

die Assistentin ▲ ▲ der Assistent

Am Telefon

1 Hör gut zu und lies mit.

2 Gruppenarbeit.
Macht andere Dialoge.

Hast du gehört ...?

Christian   Eva
Florian   Johanna   Julia
Ulla   Fabian   Beate
Sebastian   Renate
Ute   Susanne

3 Hör gut zu. Zum Üben:
Finde die Telefonnummer und wiederhole.

Beispiel: 24 02 17   = vierundzwanzig   null zwei   siebzehn

4 Gruppenarbeit.
Wie ist deine Telefonnummer?*
Und deine Vorwählnummer?

Frag die anderen in der Klasse.
Mach eine Liste.

> **w** die Telefonnummer
> die Vorwählnummer
> das Telefon
> das Telefonbuch

* Es muß nicht die richtige Nummer sein!

5 Hör gut zu.
Corinna Birkmann ist am Telefon.
Wer spricht mit Corinna?

1 2 3

A

▶ Hallo! Birkmann.

▶ ....

▶ Nein! Ich will dich nie
wieder sehen! Nie wieder!
Verstehst du?

▶ ....

▶ Du darfst mich nie wieder
anrufen ... Jetzt ist Schluß!...

▶ ....

B

▶ Hallo! Birkmann.

▶ ....

▶ Ach Katie!

▶ ....

▶ Wie geht's dir denn?

▶ ....

▶ Hast du meine
Postkarte bekommen?

▶ ....

C

▶ ....

▶ Hallo Oma!

▶ ....

▶ Sehr gut. Wie geht's?

▶ ....

▶ Ich gratuliere zum
Geburtstag!
Hast du mein Geschenk
bekommen?

▶ ....

▶ Nichts zu danken!
Auf Wiederhören!

▶ ....

AH D

6 Partnerarbeit.
Sprecht die Dialoge mit Corinna.
Macht andere Dialoge am Telefon.

ℹ telefonieren = anrufen

Schreib mal wieder!

1 Wer bekommt welche Karte?

AH E

2 Lies diese Notizen.
Schreib Notizen für andere
in deiner Klasse!

Wie findest du Frau Langhals?
Sie ist sehr freundlich, oder?

Hast du einen Kuli, bitte?

Haben wir Hausaufgaben heute?

Was machst du heute abend?
Ich gehe schwimmen.
Kommst du mit?

3 Hör gut zu und lies mit.

AH F

4 Partnerarbeit.
Macht Dialoge.

Beispiel:

– 2 Briefmarken zu 90 Pfennig, bitte.
– 1,80 DM, bitte.
– Danke schön, auf Wiedersehen!
– Bitte schön!

Beispiel:

– Was kostet ein Brief nach Großbritannien, bitte?
– 1,00 DM, bitte.

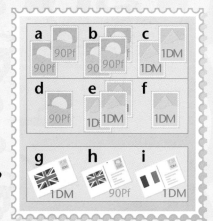

i Eine Briefmarke	zu	1,00 DM	bitte.
Zwei Briefmarken		1,20 DM	

i Was kostet	ein Brief	nach	Großbritannien?
	eine Postkarte		Australien?

w der Brief
die Briefmarke
die Post
die Postkarte

Brieffreunde

 1 Hör gut zu.
Hier ist ein Brief in Bildern.

Wien, den 11. Juni

Lieber Gavin,

Ich ...  Ich ...

Mein Vater heißt ... und
meine ... heißt Helene. Ich
habe eine ... Sie heißt ...
Ich habe auch einen ...
    Er heißt ...

Meine Familie

Helmut   Helene
Jens   Anne

TOTO

    Ich ... in ...

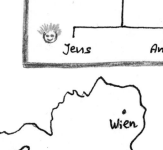
Wien

Mein Lieblingsfach ist ...
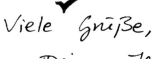 Ich ... ...
    und ich ...
        ... ...

Viele Grüße,
    Dein Jens

 2 Partnerarbeit.
Lest den Brief zusammen vor.

3 Wie beginnt ein Brief?
Wie endet ein Brief?

AH H

Viele Grüße,

Mehmet

Frankfurt, d. 24 Mai

Lieber James,
Wie geht's?

Rostock, 29. April

Liebe Julia,
Vielen Dank für Deinen Brief,

Viele liebe Grüße
Deine
Susanne

W **4** Hier ist ein Brief von Sandra.

Prießstraße 24
W-2400 Lübeck 1
den 12. März

Liebe Kelly,
ich heiße Sandra Hirsch und bin 12 Jahre alt. Ich wohne in
Lübeck. Lübeck ist eine schöne, alte Stadt. Ich wohne dort in
einem Haus zusammen mit meinen Eltern und meinem
Bruder Andreas.

Zum Geburtstag habe ich eine Maus bekommen, aber mein
Lieblingshaustier ist unser Hund Sascha. Hast Du ein
Haustier?

Mein Lieblingsfach in der Schule ist Erdkunde. Was ist Dein
Lieblingsfach?

Meine Hobbys sind Musik, Tischtennis und Fernsehen. Was
sind Deine Hobbys?

Bitte schreib mir bald zurück.

Viele Grüße,
Deine
Sandra.

AH I

Computerarbeit

1 Zum Lernen.

der Bildschirm

der Drucker

der Computer

die Diskette

der Zwischenraum

die Maus

die Tastatur

die Taste

die Leertaste

AH J

2 Hör gut zu und lies mit.

Schalte bitte ein.

Tippe den Brief ein.

Paß auf.
Das mußt du großschreiben.

Lieber Paul

Paul

Das mußt
du löschen.

Lieber Paul
Hallo! Wie g

Wie g

Fertig?
Alles in Ordnung?
Alles OK?

Mit der
Maus anklicken.

AH K
AH L
AH M+O

W **3** Lies den Brief.
Wo findest du im Text die Informationen über ...

Geschwister? **Wohnort?** **Schule?** **Eltern?** **Hobbys?**

Beispiel: **Geschwister = 3**

ie
Liebe Christine,
D
Hallo! Wie geht es dir? Mir geht es sehr gut.

K
Ich gehe auch auf eine Gesamtschule. Ich bin in der 7. Klasse.
Nächstes Jahr bin ich in der 8. Klasse. Wir haben ungefähr 1000
① Schüler. Meine Lieblingsfächer sind Französisch und Kunst.
Außerdem habe ich Mathematik, Naturwissenschaften, Deutsch,
c
English und Religion.

M
② Ich höre gern musik und gehe gern schwimmen. (Hobbies)

Ich habe einen Bruder. Er heißt Thomas und ist 21 Jahre alt. Er
③ wohnt noch bei uns zu Hause. Und eine Schwester habe ich. Sie
heißt Julia und wird im Dezember 18.

④ Ich heiße Sandra Brand, und ich wohne in Glasgow, in Schottland.

ß
Meine Mutter heißt Theresa und arbeitet in einem Supermarkt.
⑤ *ei*
Mein Vater heißt Peter und arbeitet nicht.

D
Kannst du mir bitte auch ein Foto von dir schicken? Danke!

Deine

AH N
AH P
AH Q

 4 Jetzt kannst du einen Brief schreiben!
Tippe den Brief in den Computer ein.

AH R

Wohin fährst du in den Ferien?

1 Hör gut zu und lies mit.
Wohin fährst du in den Ferien?

Ich fahre nach Nordamerika.

Nordamerika

Ich fahre nach Spanien.

Südamerika

i Ich fahre nach	Spanien.
	München.
Ich bleibe zu Hause.	

2 Partnerarbeit.
Was sagen sie?

AH A
AH B

3 Wie ist das Wetter dort?

Es ist schön. Es ist schlecht. Es ist warm. Es ist kalt.

AH C
AH D

Wie fährst du dahin?

 1 Hör gut zu.
Wie fährst du dahin?

> **i** | Ich fahre | mit dem Bus.
> | | mit der Bahn.
> | | mit dem Auto.
> | | mit dem Schiff.
> | | mit dem Fahrrad.
> | Ich fliege. |
> | Ich gehe zu Fuß. |
> | Ich bleibe zu Hause. |

AH E

Ⓐ

Ⓔ

 2 Partnerarbeit.
Wie weit ist das?

Beispiel:

> Wie weit ist es von
> Berlin nach Hamburg?
> Ⓐ

> 289 Kilometer.
> Ⓑ

> Und von
> Lissabon nach Brüssel?
> Ⓐ

> 2088 Kilometer.
> Ⓑ

> **i** 100 hundert
> 200 zweihundert
> 1000 tausend
> 2000 zweitausend

AH F
AH G

von/nach	Amsterdam	Athen	Belgrad	Berlin	Brüssel	Frankfurt/M	Hamburg	Kopenhagen	Lissabon
Amsterdam	—	3070	1831	685	198	454	496	803	2267
Athen	3070	—	1239	2556	3025	2616	2845	3017	4673
Belgrad	1831	1239	—	1317	1786	1377	2055	1778	3434
Berlin	685	2556	1317	—	789	555	289	461	2892
Brüssel	198	3025	1786	789	—	409	661	968	2088
Frankfurt/M	454	2616	1377	555	409	—	495	813	2365
Hamburg	496	2845	2055	289	661	495	—	307	2764
Kopenhagen	803	3017	1778	461	968	813	307	—	3071
Lissabon	2267	4673	3434	2892	2088	2365	2764	3071	

C

B

D

F

G

H

w der Bus
die Bahn
das Auto
das Fahrrad
das Flugzeug
das Schiff

B

A

W **3** Zum Lesen.
Was paßt zusammen?

C

D

Top of Adventure 1
Mit dem Mountainbike, zu Fuß und dem Schlauchboot
vom Oberalppaß zum Vorderrhein

Mountainbike Safari 2
Mit dem Mountainbike vom
Rhonegletscher zum Stockalperpalast

Planwagentrek Emmental 4
Ein urchiges Reiseerlebnis mit Pferd und Wagen

Das grosse Elsasserlebnis 3
Unterwegs mit Pferd und Wagen, Schiff und Fahrrad

AH H ▶

Was nimmst du mit?

1 Hör gut zu.
Welche Nummer ist das?

Lissabon, Portugal

2

Augsburg

1

DER MANN AUS MOSKAU

Rom

7

2 Partnerarbeit.
Stellt Fragen.

i Ich nehme	meinen Paß	mit.
	meine Sonnenbrille	
	mein Geld	
	meine T-Shirts	

Beispiel:

Nummer 5 –
was nimmst du mit?

A

B

Ich nehme meine
Shorts mit.

AH I
AH J

w der Badeanzug	das Badetuch	die Socken
der Fotoapparat	das Nachthemd	die Shorts
der Paß	das Sonnenöl	die Sportschuhe
	das Buch	die T-Shirts
die Sonnenbrille	das Geld	
die Unterwäsche	das Waschzeug	

Cannes

Benidorm

Nairobi, Kenya

Amerika, Australien, Asien

3 Schau deine Liste an.
Hast du alles dabei?

Was hast du gepackt?
Was hast du vergessen?

Fotoapparat   Sportschuhe
Geld   Badetuch
Socken   T-Shirts
Paß   Buch
Shorts   Badeanzug
Waschzeug

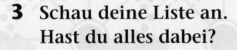

i Ich habe	meinen Paß	gepackt.
	meine Sonnenbrille	vergessen.
	mein Buch	
	meine T-Shirts	

AH K+N

Wo wohnst du?

1 Wo wohnst du in den Ferien?

i Ich wohne	in einem Wohnwagen.
	in einer Jugendherberge.
	in einem Hotel.
	zu Hause.
	bei Verwandten.

2 in einem Hotel?

w	der Campingbus
	der Wohnwagen
	die Jugendherberge
	das Ferienhaus
	das Hotel
	das Zelt

1 in einem Zelt?

3 in einem Wohnwagen?

 2 Partnerarbeit.
Macht Dialoge.

Beispiel:

Wo wohnst du in den Ferien? **A**

In einem Hotel. **B**

Wer kommt mit? **A**

Meine Familie. **B**

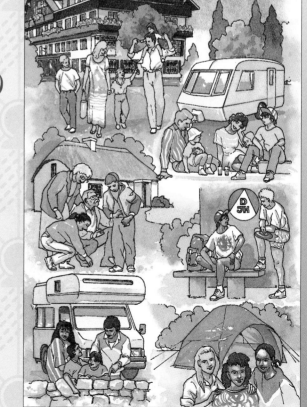

i Meine Familie	kommt mit.
Mein Freund	
Meine Freundin	
Meine Großeltern	kommen mit.
Meine Freunde	

AH L
AH M

in einer Jugendherberge? **4**

in einem Ferienhaus? **5**

zu Hause? **6**

bei Verwandten? **7**

in einem Campingbus? **8** **9** bei Freunden?

W **3** **Zum Lesen.**

AH 0

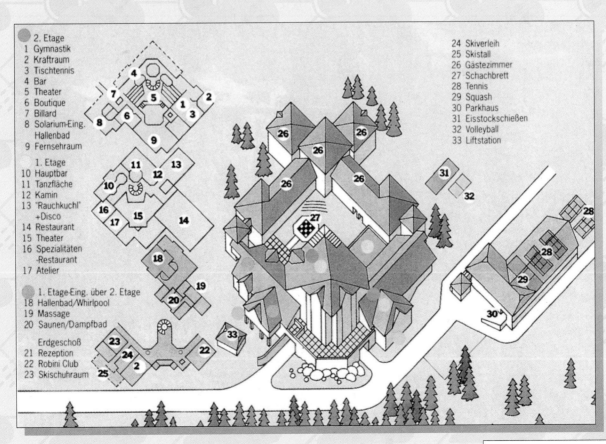

2. Etage
1 Gymnastik
2 Kraftraum
3 Tischtennis
4 Bar
5 Theater
6 Boutique
7 Billard
8 Solarium-Eing.
  Hallenbad
9 Fernsehraum

1. Etage
10 Hauptbar
11 Tanzfläche
12 Kamin
13 "Rauchkuchl"
   +Disco
14 Restaurant
15 Theater
16 Spezialitäten
   -Restaurant
17 Atelier

1. Etage-Eing. über 2. Etage
18 Hallenbad/Whirlpool
19 Massage
20 Saunen/Dampfbad

Erdgeschoß
21 Rezeption
22 Robini Club
23 Skischuhraum

24 Skiverleih
25 Skistall
26 Gästezimmer
27 Schachbrett
28 Tennis
29 Squash
30 Parkhaus
31 Eisstockschießen
32 Volleyball
33 Liftstation

Mein Traumurlaub!

1 Hier ist Gabis Traumurlaub.

Liebe Claudia!
Hier geht's mir gut! Das Wetter ist schön. Das Hotel ist fantastisch! Wir schwimmen jeden Tag, spielen Tennis, gehen Eis essen.

Viele Grüße,
Deine Gabi

P.S.: Abends gibt's eine tolle Disco.

2 Beschreib deinen Traumurlaub.

Wohin fährst du in den Ferien?
Wie ist das Wetter dort?
Wie fährst du dahin?
Wie weit ist das?
Was nimmst du mit?
Wo wohnst du in den Ferien?
Wer kommt mit?
Was machst du?

W **3** **Zum Lesen.**

Mein Traumurlaub!

Das Wetter ist immer schön, nicht schlecht.
Ich fahre mit der Bahn, nicht mit dem Auto.
Mein Freund kommt mit, nicht mein Bruder.
Ich wohne in einem Hotel, nicht in einem Zelt.
Und ich esse Eis den ganzen Tag!

Ich freue mich auf die Sommerferien!
Keine Schule, nur Sport
Keine Hausaufgaben, nur Fernsehen.
Keine Lehrbücher, nur Comics...

Sommerferien... ohne Schule, ohne Hausaufgaben, ohne Lehrer, nur Freunde!

4 **Gruppenarbeit.**
Frag die anderen in der Klasse.

Beispiel:

◀ **Wohin fährst du in den Ferien?**
Nach Schottland. ▶
◀ **Und wie fährst du dahin?**
Ich fahre mit dem Bus und mit ▶
dem Schiff.
◀ **Wie weit ist das?**
Zwölfhundert Kilometer! ▶

AH P ▶

Bald ist Weihnachten

1 Hör gut zu und lies mit.

3 Wir schreiben Karten.

1 Sankt Nikolaus kommt am 6. Dezember und bringt Geschenke.

2 Wir backen Plätzchen.

4 Wir basteln Glocken, Strohsterne, Engel.

5 Wir singen und spielen Instrumente.

Dezember

6 Wir schmücken am 24. den Weihnachtsbaum.

7 Am Heiligen Abend gehen wir in die Kirche.

9 Im Dezember feiern wir nicht. Wir feiern Kurban im August.

10 Am 31. Dezember ist Silvester. Wir feiern auf einer Party.

Guter Rutsch ins Neujahr!

8 Wir essen Karpfen und trinken ein Glas Wein oder Bier dazu.

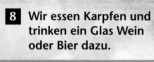

2 Gruppenarbeit.
Frag die anderen in der Klasse.
Was macht ihr im Dezember?

3 Hier sind Ideen für die Weihnachtszeit.

 Zum Basteln.
Hier ist ein Adventskalender.

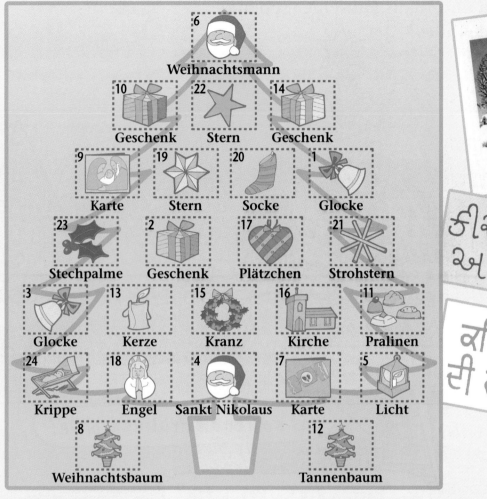

6 Weihnachtsmann

10 Geschenk 22 Stern 14 Geschenk

9 Karte 19 Stern 20 Socke 1 Glocke

23 Stechpalme 2 Geschenk 17 Plätzchen 21 Strohstern

3 Glocke 13 Kerze 15 Kranz 16 Kirche 11 Pralinen

24 Krippe 18 Engel 4 Sankt Nikolaus 7 Karte 5 Licht

8 Weihnachtsbaum 12 Tannenbaum

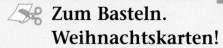 Zum Basteln.
Weihnachtskarten!

Zum Kochen.
Hier ist ein Rezept.

Mandelsplitter
(Ergibt etwa 15 Stück.)

100 g Vollmilchschokolade
100 g Mandelstifte

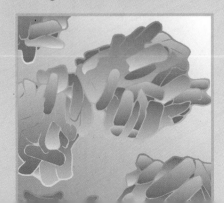

1 Schokolade zerbröckeln.

2 Die Schokolade schmelzen lassen.

3 Etwas abkühlen lassen.

4 Mandelstifte in einer Pfanne unter Rühren rösten.

5 Unter die Schokolade rühren.

6 Mit zwei Teelöffeln Häufchen auf Folie setzen.

i rühren =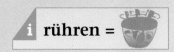

Wir kaufen Geschenke

1 Hör gut zu.
Eva, Claudia und Klaus kaufen Geschenke.
Was kostet das alles?

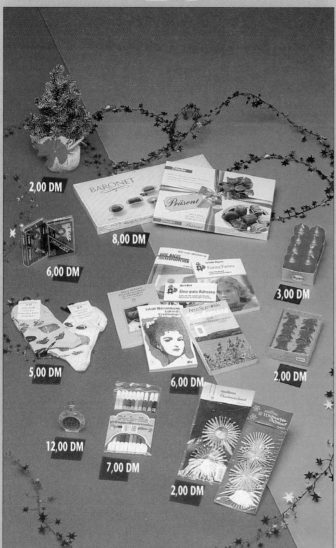

Das Kaufhaus

2,00 DM

BARONET

Präsent

8,00 DM

6,00 DM

3,00 DM

5,00 DM

6,00 DM

2,00 DM

12,00 DM

7,00 DM

2,00 DM

2 **Partnerarbeit.**
Stellt Fragen.

Beispiel:

> Was kosten die Socken bitte?

> A B

> Fünf Mark.

> Was kostet der Stern bitte?

> A B

> Zwei Mark.

W der Adventskalender
der Engel
der Stern
der Weihnachtsbaum
die Glocke
die Karte
die Kerze
die Praline
das Geschenk
das Parfüm
das Plätzchen

3 **Du hast 20,00 DM.**
Was kaufst du?

Beispiel:

> Ich kaufe eine Kerze, einen Stern,
> Pralinen und ein Buch.

Frohe Ostern!

Ostern

1 Schau mal das Foto an.
So dekoriert man die Bäckerei zu Ostern in Deutschland.

 2 Hör gut zu. Zum Üben:

Wer sitzt denn da im grünen Gras,
mit bunten Farben, wer ist denn das?
Er malt die Eier blau, gelb, rot.
Für's Frühstück und für's Abendbrot.
Hat eine runde Knubbelnase.
Ich glaub, das ist der Osterhase!

• Der Osterhase färbt die Eier.

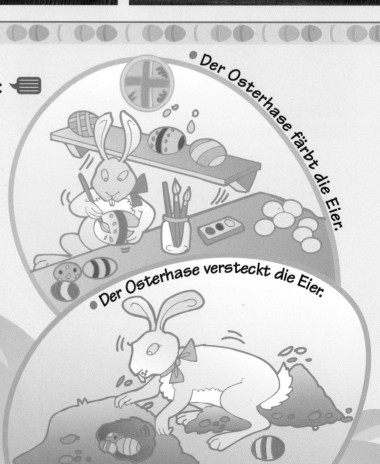

• Der Osterhase versteckt die Eier.

3 Zum Basteln.
Wir färben die Eier.

ein Strauß

ein Streichholz

ein Ei

ein Eierbecher

Filzstifte

ein Faden

1 Stich die Eier an beiden Enden an und blase das Eiweiß und das Eigelb aus.

2 Spüle das Ei mit Wasser aus.

3 Laß das Ei gut trocknen.

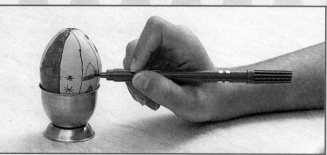

4 Stell das Ei in einen Eierbecher und bemale diese Seite mit bunten Farben.

5 Laß das Ei gut trocknen. Drehe das Ei um. Jetzt kannst du diese Seite bemalen.

7 Finde ein Streichholz und einen Faden. Befestige den Faden in der Mitte des Streichholzes.

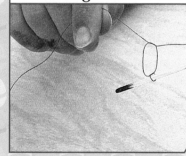

9 Hänge das Ei an einen Strauß

6 Laß auch diese Seite gut trocknen.

8 Stecke das Streichholz mit dem Faden vorsichtig in das Ende des Eis.

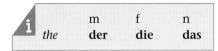

This is a guide to the main areas of grammar in **Projekt Deutsch 1**, showing you how the German language works. There is also a reference section at the end, with information on dates, numbers and time.

1 Nouns

i) A noun names a person, animal, place or thing:

der Lehrer	*the teacher*	**das Klassenzimmer**	*the classroom*
die Katze	*the cat*	**das Fahrrad**	*the bicycle*

Every noun in German belongs to one of three groups – masculine (m), feminine (f) or neuter (n). The word for *the* is **der** for masculine nouns, **die** for feminine nouns, and **das** for neuter nouns:

	m	f	n
the	**der**	**die**	**das**

Look at page 25 to see how nouns are listed.

ii) All nouns in German always start with a capital letter.
Which words are nouns in these sentences?

Er hat einen Bruder.	*He has a brother.*
Ich trinke Limonade.	*I am drinking lemonade.*
Hast du ein Lineal?	*Do you have a ruler?*

iii) Nouns can be singular (s) or plural (pl). Singular means one of something. Plural means more than one. In English we usually just add an *-s* to make a noun plural: *the hat, the hats*. Sometimes, plurals are made differently: *the sheep, the sheep* (no change), *the mouse, the mice*.

In German there are also different ways of making plurals, depending on the noun. Try to learn the plural as you use it. Here are some examples:

singular	plural	
der Hund	**die Hunde**	*dogs*
der Stuhl	**die Stühle**	*chairs*
die Katze	**die Katzen**	*cats*
die Schülerin	**die Schülerinnen**	*schoolgirls*
das Bild	**die Bilder**	*pictures*
das Buch	**die Bücher**	*books*

Have you noticed what happens to the words for *the* when the noun is plural?
Der, **die** and **das** all change to **die** in the plural.

Plurals are written in vocabulary lists in code, like this:

word list	actual plural	
der Filzstift (-e)	**die Filzstifte**	*felt tips*
der Bruder (¨-e)	**die Brüder**	*brothers*
die Karte (-n)	**die Karten**	*cards*

If a word does not change in the plural it looks like this:

der Rechner (-)	**die Rechner**	*calculators*
der Lehrer (-)	**die Lehrer**	*teachers*

Whenever you see an Umlaut (¨) indicated in the plural, it is always written above the first vowel (**a**, **o**, or **u** only).

das Haus (¨-er)	**die Häuser**	*houses*
die Maus (¨-e)	**die Mäuse**	*mice*

Look at the word lists at the back of this book. Can you work out some more plurals?

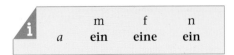

iv) The word for *a* or *an* is **ein** for masculine and neuter nouns, and **eine** for feminine nouns:

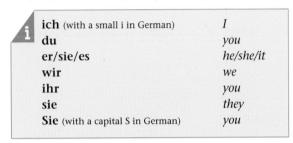

	m	f	n
a	ein	eine	ein

2 Pronouns

Pronouns are short words used instead of a noun. Here are the German pronouns used for people and things:

ich (with a small i in German)	*I*
du	*you*
er/sie/es	*he/she/it*
wir	*we*
ihr	*you*
sie	*they*
Sie (with a capital S in German)	*you*

Sie and **sie** sound the same but can mean different things. Look at these examples. **Sie** (or **sie**) can mean *she, it, you* or *they*:

Was sagen sie?	*What are they saying?*
Haben Sie Papier, bitte?	*Do you have some paper, please?*
Sie spielt gern Tennis.	*She likes playing tennis.*

Can you find more examples of sie (or Sie) meaning different things?

Note that **du**, **ihr**, and **Sie** all mean *you*. You use **du** when you talk to one friend, an animal, or an adult in your own family. **Ihr** is used in the same situation to talk to more than one friend, animal, or member of your family. **Sie**, with a capital **S**, is used when you talk to adults outside your own family.

Note that **er** means *he* or *it*, **sie** means *she* or *it*, or *they*, and **es** means *it*. Here are some examples:

You use the masculine pronoun **er** for a masculine noun:

Wie alt ist Andreas? <u>Er</u> ist elf.	*How old is Andreas? He's eleven.*
Das ist mein Kuli – <u>er</u> ist blau.	*That's my biro – it's blue.*

You use the feminine pronoun **sie** for a feminine noun:

Wo ist deine Tasche? <u>Sie</u> ist zu Hause.	*Where is your bag? It's at home.*
Das ist meine Schwester – <u>sie</u> ist nett.	*That's my sister – she's nice.*

You use the neuter pronoun **es** for a neuter noun:

Was kostet das Lineal? <u>Es</u> kostet 2,50 DM.
How much is the ruler? It costs DM 2,50.

You use the plural pronoun **sie** for plural nouns:

Das sind meine Großeltern – <u>sie</u> sind alt.
They are my grandparents – they are old.

Das sind Herr und Frau Hegel – <u>sie</u> kommen aus München.
They are Mr and Mrs Hegel – they come from Munich.

3 My, your, his, her, their

Mein, dein, sein, and **ihr** are used with the noun to show who it belongs to.
Notice how the ending changes, depending on whether the noun is masculine,
feminine or neuter:

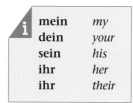

mein	*my*
dein	*your*
sein	*his*
ihr	*her*
ihr	*their*

Das ist mein Kuli.   *That is my biro.*
Das ist deine Tasche.   *That is your bag.*
Das ist sein Buch.   *That is his book.*
Das sind ihre Socken.   *They are her socks.*
Das sind ihre Eltern.   *They are her parents.*

4 The subject and the object in a sentence

The subject of a sentence is the person or thing doing the verb. The object of
the sentence completes the meaning of the verb. In English it follows the verb.
Look at these examples:

subject	verb	object	
Ich	**habe**	**einen Hund.**	*I have a dog.*
Meine Tante	**spielt**	**Golf.**	*My aunt plays golf.*
Eva	**hat**	**kein Papier.**	*Eva has no paper.*
Ich	**habe**	**keine Hausaufgaben.**	*I have no homework.*

Look carefully at the charts below. Look at the changes you have to make,
depending on whether the word is part of the subject or the object of the
sentence:

subject	m	f	n	pl
the	der	die	das	die
a	ein	eine	ein	–
my	mein	meine	mein	meine
your	dein	deine	dein	deine
his	sein	seine	sein	seine
her	ihr	ihre	ihr	ihre
their	ihr	ihre	ihr	ihre

object	m	f	n	pl
the	den	die	das	die
a	einen	eine	ein	–
my	meinen	meine	mein	meine
your	deinen	deine	dein	deine
his	seinen	seine	sein	seine
her	ihren	ihre	ihr	ihre
their	ihren	ihre	ihr	ihre

5 Adjectives

An adjective describes a noun:

Mein Hund ist <u>groß</u>.   *My dog is big.*
Meine Katze ist <u>klein</u>.   *My cat is small.*
Mein Pferd ist <u>schwarz</u>.   *My horse is black.*

6 Prepositions

Prepositions are little words like *for*, *at*, *in to*, etc. They also sometimes tell us where a person or object is positioned, for example, *on, in, above, next to*.
Look at these examples in German. Can you find the prepositions?

Das ist ein Geschenk für meinen Bruder.	*That's a present for my brother.*
Der Film beginnt um 20.30.	*The film starts at 8.30.*
Sie kommt aus der Schweiz.	*She comes from Switzerland.*
Ich fahre mit dem Bus.	*I go by bus.*
Wir fahren mit der Familie.	*We are going with the family.*
Wir fahren von Bonn nach Köln.	*We are going from Bonn to Cologne.*
Ich sammele Briefmarken seit einem Jahr.	*I've been collecting stamps for a year.*
Ich gehe in die Stadt.	*I am going into town.*
Ich gehe in die Disco.	*I am going to the disco.*
Ich gehe ins* Kino.	*I am going to the cinema.*
Das ist im* Schrank.	*That is in the cupboard.*
Das ist in meiner Tasche.	*That is in my bag.*
Ich habe am* 12. Mai Geburtstag.	*My birthday is on 12 May.*

*Note these shortened forms:

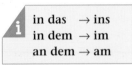

in das → ins
in dem → im
an dem → am

Here is a list of the prepositions used in <u>Projekt Deutsch 1</u>:

für	*for*	**seit**	*since*
um	*at*	**von**	*from, of*
aus	*out of, from*	**in**	*into, in*
mit	*with, by (means of transport)*	**an**	*up to, onto, at, on*
nach	*to (a named town or country)*	**auf**	*onto, on, on top of*

There are changes in some words after the prepostions. You will learn about these later in the course. Meanwhile learn the examples.

7 Verbs

A verb is an action word, for example, **spielen** (*to play*), **schreiben** (*to write*), **gehen** (*to go*).

If you look for a verb in a vocabulary list or dictionary, it will be given in a form called *the infinitive*. In English this means '**to do**', '**to see**', etc. In German the infinitive form always ends in **–n** or **–en**:

angeln	*to fish*	**spielen**	*to play*
sein	*to be*	**haben**	*to have*

When you use a verb in German you must make sure you use it with the correct ending for the correct pronoun. Look at the different endings in the next section. The tense of the verb tells us *when* the action takes place, for example, in the past or now in the present.

8 The present tense

The present tense describes what someone is doing at the moment or what someone does regularly (for example, every day). In English we can say this in two ways, but in German only in one way:

Sie spielt Tischtennis.	*She plays tabletennis.*
	She is playing tabletennis.
Ich gehe ins Kino.	*I go to the cinema.*
	I am going to the cinema.

i) Regular verbs. These always follow the same pattern:

infinitive	spiel**en**	mach**en**	trink**en**
	to play	*to do*	*to drink*
ich	spiel**e**	mach**e**	trink**e**
du	spiel**st**	mach**st**	trink**st**
er/sie/es	spiel**t**	mach**t**	trink**t**
wir	spiel**en**	mach**en**	trink**en**
ihr	spiel**t**	mach**t**	trink**t**
sie	spiel**en**	mach**en**	trink**en**
Sie	spiel**en**	mach**en**	trink**en**

Can you work out the pattern for wohnen (*to live*) and schwimmen (*to swim*)?

ii) Irregular verbs

In the present tense, irregular verbs make changes in the **du** and **er/sie/es** form. Here are two types of irregular verb:

infinitive	fahren	lesen	sehen
	to travel	*to read*	*to see*
ich	fahre	lese	sehe
du	fährst	liest	siehst
sie	fährt	liest	sieht
	a → ä	e → ie	e → ie

iii) **haben** and **sein**

Two very important irregular verbs which you need to know are **haben** (*to have*) and **sein** (*to be*). Here are their present tense forms:

haben	to have	sein	to be
ich habe	*I have*	ich bin	*I am*
du hast	*you have*	du bist	*you are*
er/sie/es hat	*he/she/it has*	er/sie/es ist	*he/she/it is*
wir haben	*we have*	wir sind	*we are*
ihr habt	*you have*	ihr seid	*you are*
sie haben	*they have*	sie sind	*they are*
Sie haben	*you have*	Sie sind	*you are*

9 Negatives

The word **nicht** means *not*:

Ich gehe nicht.	*I'm not going.*
Ich spiele nicht gern Schach.	*I do not like playing chess.*

The word **kein(e)** means *no, not a, not any*. It is always followed by a noun. **Kein(e)** follows the pattern of **ein(e)**:

Das ist kein Hund. Das ist eine Katze!
That's no dog. That's a cat!

Ich habe keinen Bruder, aber ich habe eine Schwester.
I haven't got a brother but I have got a sister.

Ich habe keine Geschwister.
I have no brothers or sisters.

The word **nichts** means *nothing*, or *not anything*:

Ich sammele nichts.   *I do not collect anything.*

10 Word order

Here are some rules to help you with the order of words in a sentence in German.

i) The position of the verb. The verb is usually the second 'idea' in the sentence. Sometimes it is the actual second word, but not always:

(1)   (2)
Ich heiße Martin.   *I am called Martin.*

   (1)   (2)
Am liebsten spiele ich Tennis.   *I like playing tennis best.*

   (1)   (2)
Am Montag habe ich Deutsch.   *I have German on Monday.*

In the last two examples the **ich** comes after the verb so that **spiele** and **habe** are still the second 'idea'.

ii) Time, manner, place. When a sentence has several ideas in it, the order of the different parts is 'time, manner, place'. Look at these examples. Remember the verb is still the second idea:

(1)	(2)	(time)	(manner)	(place)
Ich	fahre	im Sommer	mit dem Zug	nach München.
Ich	fliege	im Januar		in die Schweiz.
Ich	fahre	im August	mit dem Auto	nach Frankreich.

11 Question forms

i) To form questions that have a **ja** or **nein** answer, put the verb first:

<u>Spielst</u> du Tennis?   *Do you play tennis?*
<u>Hast</u> du Haustiere?   *Have you got any pets?*

ii) When questions start with a question word, the verb comes second:

Wann?	*When?*	**Wohin?**	*Where to?*
Was?	*What?*	**Wieviel?**	*How much, many?*
Wie alt?	*How old?*	**Wie lange?**	*How long?*
Wo?	*Where?*	**Wer?**	*Who?*
Woher?	*Where from?*		

<u>Wann</u> beginnt der Film?   *When does the film begin?*
<u>Was</u> hast du bekommen?   *What did you get?*
<u>Wie alt</u> bist du?   *How old are you?*
<u>Wo</u> wohnst du?   *Where do you live?*
<u>Woher</u> kommst du?   *Where do you come from?*
<u>Wohin</u> fährst du ?   *Where are you going?*
<u>Wieviel</u> Schüler?   *How many pupils?*
<u>Wie lange</u> dauert die Sendung?   *How long is the programme?*
<u>Wer</u> macht das?   *Who is going to do that?*

12 Reference section

Die Wochentage
The days of the week

Montag	*Monday*	**Freitag**	*Friday*
Dienstag	*Tuesday*	**Samstag/Sonnabend**	*Saturday*
Mittwoch	*Wednesday*	**Sonntag**	*Sunday*
Donnerstag	*Thursday*		

am Mittwoch   *on Wednesday*
das Wochenende   *the weekend*
am Wochenende   *at the weekend*

Am Montag habe ich Mathe.   *On Monday I have maths.*
Am Wochenende sehe ich oft fern.   *I often watch TV at the weekend.*

Die Monate
The months

Januar	*January*	**Juli**	*July*
Februar	*February*	**August**	*August*
März	*March*	**September**	*September*
April	*April*	**Oktober**	*October*
Mai	*May*	**November**	*November*
Juni	*June*	**Dezember**	*December*

Im August.   *In August.*
Ich habe im März Geburtstag.   *My birthday is in March.*

Die vier Jahreszeiten
The four seasons

der Frühling	*Spring*	**der Herbst**	*Autumn*
der Sommer	*Summer*	**der Winter**	*Winter*

Im Winter.   *In Winter.*
Ich fahre im Sommer nach Österreich.   *I am going to Austria in the Summer.*

Die Zahlen
Numbers

1	eins	24	vierundzwanzig
2	zwei	25	fünfundzwanzig
3	drei	26	sechsundzwanzig
4	vier	27	siebenundzwanzig
5	fünf	28	achtundzwanzig
6	sechs	29	neunundzwanzig
7	sieben	30	dreißig
8	acht	31	einunddreißig ...
9	neun	40	vierzig ...
10	zehn	50	fünfzig ...
11	elf	60	sechzig ...
12	zwölf	70	siebzig ...
13	dreizehn	80	achtzig ...
14	vierzehn	90	neunzig ...
15	fünfzehn	100	hundert ...
16	sechzehn	111	hundertelf
17	siebzehn	112	hundertzwölf ...
18	achtzehn	200	zweihundert ...
19	neunzehn	300	dreihundert ...
20	zwanzig	1000	tausend
21	einundzwanzig	1001	tausendeins ...
22	zweiundzwanzig	1.000.000	eine Million
23	dreiundzwanzig		

erste	*first*	achte	*eighth*
zweite	*second*	neunte	*ninth*
dritte	*third*	zehnte	*tenth*
vierte	*fourth*	zwanzigste	*twentieth*
fünfte	*fifth*	zweiundzwanzigste	*twentysecond*
sechste	*sixth*	dreißigste	*thirtieth*
siebte	*seventh*		

Das Datum
The date

Den wievielten haben wir heute?   *What is today's date?*

d. 11. Juni	den elften Juni	*11th June*
d. 19. Dezember	den neunzehnten Dezember	*19th December*
d. 25. Mai	den fünfundzwanzigsten Mai	*25th May*

Wann hast du Geburtstag?   *When is your birthday?*

Ich habe am zweiten März Geburtstag.   *My birthday is on 2nd March.*
Am neunundzwanzigsten Februar.   *On the 29th February.*

Die Uhrzeit
The time

Wie spät ist es?   *What is the time?*
Wieviel Uhr ist es?   *What is the time?*

1.00	Es ist ein Uhr.	
1.10	Es ist ein Uhr zehn.	
1.15	Es ist ein Uhr fünfzehn.	
2.20	Es ist zwei Uhr zwanzig.	
2.25	Es ist zwei Uhr fünfundzwanzig.	
2.30	Es ist zwei Uhr dreißig.	
3.35	Es ist drei Uhr fünfunddreißig.	
3.40	Es ist drei Uhr vierzig.	
3.45	Es ist drei Uhr fünfundvierzig.	
6.50	Es ist sechs Uhr fünfzig.	
8.55	Es ist acht Uhr fünfundfünfzig.	
12.00	Es ist Mittag./Es ist Mitternacht.	
17.50	Es ist siebzehn Uhr fünfzig.	

Wann beginnt *Nachbarn*?   *When does Neighbours begin?*
Um 17.35.   *At 5.35.*

A

	ab und zu	sometimes
	abends	in the evening
	aber	but
die	Achterbahn (-en)	rollercoaster
der	Adventskalender (-)	advent calendar
	Afrika	Africa
	alles	everything
die	Alpen	the Alps
das	Alphabet (-e)	the alphabet
	alt	old
	Amerika	America
	andere	others
	angeln	to fish
	Angeln	fishing
	anklicken	to click (on the mouse)
	ankommen	to arrive
	anrufen	to telephone
	anschalten	to switch on
der	Anspitzer (-)	sharpener
die	Antwort (-en)	answer
	antworten	to answer
die	Anweisung (-en)	instruction
der	Apfelsaft	apple juice
	April	April
	Asien	Asia
der	Assistent (-en)	assistant (m)
die	Assistentin (-nen)	assistant (f)
	auch	also, too, as well
	auf	on, on top of
	auf das Feld	on the square
	Auf Wiedersehen	good bye
der	Aufkleber	sticker
	August	August
	aus	from
	ausrollen	to roll out
	ausschneiden	to cut out
	ausspülen	to rinse out
	austeilen	to distribute, deal (cards)
	Australien	Australia
das	Auto (-s)	car

B

	backen	to bake
die	Bäckerei (-en)	baker's
das	Backpulver	baking powder
der	Badeanzug (-anzüge)	swimming costume
das	Badetuch ("-er)	towel
	Badminton	badminton
die	Bahn	railway
	bald	soon
	Basketball	basketball
	basteln	to make
	beantworten	to answer
	befestigen	to tie
	beginnen	to begin, start
	beide (ihr beiden)	both
	bekommen	to receive, to get
	Belgien	Belgium
	bemalen	to paint
	beschriften	to label
	Besserung, gute Besserung	get well soon
das	Bier (-e)	beer
das	Bild (-er)	picture
der	Bildschirm	screen
	bin, ich bin	I am
	bis	until
	bist, du bist	you are
	bitte	please
	bitte schön	don't mention it
	blasen	to blow
	blau	blue
	bleiben	to stay, remain
der	Bleistift (-e)	pencil
die	Blockflöte (-n)	recorder
	blöd	stupid
	brauchen	to need
	braun	brown

	brav	good
der	Brief (-e)	letter
der	Brieffreund (-e)	penfriend (m)
die	Brieffreundin (-nen)	penfriend (f)
die	Briefmarke (-n)	stamp
	bringen	to bring
das	Brot	bread
der	Bruder ("-)	brother
das	Buch ("-er)	book
	bunt	brightly coloured

C

der	Campingbus (-se)	campervan
die	Chips	crisps
die	Cola (-s)	coca cola
der	Computer (-)	computer
das	Computerspiel (-e)	computer game
der	Cousin (-s)	cousin (m)
die	Cousine (-n)	cousin (f)

D

	da, dahin	there
	dabei	with you
	Dänemark	Denmark
	danke	thanks
	danke schön	thank you (very much)
	dann	then
	das	that, the
	dazu	with it
	dein, deine	your
	der	the
	Deutsch	German
	Deutschland	Germany
	Dezember	December
	die	the
	Dienstag	Tuesday
die	Diskette (-n)	disk
der	Dokumentarfilm (-e)	documentary
	Donnerstag	Thursday
	dran sein	to have a turn
der	Drucker (-)	printer
	dumm	stupid

E

das	Ei (-er)	egg
der	Eierbecher (-)	egg cup
das	Eigelb	egg yolk
	ein, eine	a, an
die	Einladung	invitation
die	Einleitung	introduction
	einmal	once
	einschalten	to switch on
	eintippen	to word process, type in
das	Einzelkind	only child
das	Eis	ice cream
das	Eiweiß	egg white
die	Eltern	parents
	enden	to end, finish
der	Engel (-)	angel
	England	England
	Englisch	English
	er	he, it
	es	it
	Erdkunde	geography
	erste	first
	essen	to eat
	etwa	roughly, about
	etwas	something
	Europa	Europe

F

der	Faden ("-)	thread
die	Fahne (-n)	flag
	fahren	to travel
das	Fahrrad (-räder)	bicycle
	fallen	to fall
	falsch	wrong
	falten	to fold
die	Familie (-n)	family

	fantastisch	excellent
die	Farbe (-n)	colour
	färben	to colour
	fast	almost
	faul	lazy
	Februar	February
	feiern	to celebrate
	fein	fine
das	Fenster (-)	window
die	Ferien	holiday(s)
das	Ferienhaus (-häuser)	holiday home
	fernsehen	to watch television
das	Fernsehen	television
der	Fernsehfan (-s)	TV fan, telly addict
	fertig!	ready, finished
das	Feuer (-)	fire
der	Film (-e)	film
der	Filzstift (-e)	felt tip
	finden	to find
der	Fisch (-e)	fish
	fleißig	hardworking
	fliegen	to fly
das	Flugzeug (-e)	aeroplane
	flüssig	fluid, runny
die	Folie (-n)	foil
das	Foto (-s)	photo
das	Fotoalbum (-alben)	photo album
der	Fotoapparat (-e)	camera
die	Frage (-n)	question
	fragen	to ask
	Frankreich	France
	Französisch	French
die	Frau (-en)	woman, Mrs, Ms
	frech	cheeky
	frei	free
	Freitag	Friday
der	Freund (-e)	friend (m)
die	Freundin (-nen)	friend (f)
	freundlich	friendly
	frisch	fresh
	frohe Ostern	Happy Easter
	frohe Weihnachten	Happy Christmas
der	Frühling	Spring
	für	for
	furchtbar	awful
zu	Fuß	on foot
	Fußball	football
der	Fußballspieler(-)	footballer

G

	ganz	whole
	gar nicht	not at all
der	Geburtstag	birthday
das	Gedicht (-e)	poem
	gehen	to go
	gehört (hören)	heard
	gelb	yellow
das	Geld	money
	gemahlene Nelken	crushed cloves
	gepackt	packed
	gern	like
das	Geschenk (-e)	present
	Geschichte	history
die	Geschichte (-n)	story
die	Geschwister	brothers and sisters
	gewinnen	to win
die	Gitarre (-n)	guitar
das	Glas (¨-er)	glass
	glauben	to think, believe
die	Glocke (-n)	bell
	Glück	luck
der	Glückwunsch (¨-e)	greeting
	Golf	golf
das	Gras (¨-er)	grass
	gratulieren	to congratulate
	Griechenland	Greece
	groß	big, large
	Großbritannien	Great Britain
die	Großeltern	grandparents

die	Großmutter (-mütter)	grandmother
	großschreiben	to write a capital letter
der	Großvater (-väter)	grandfather
	grün	green
	gut	good
	guten Abend	good evening
	guten Morgen	good morning
	gute Nacht	good night
	guten Tag	good day, hello

H

	habe, ich habe	I have
	haben	to have
	Hallo	hello
der	Hamster (-)	hamster
	hängen	to hang
	hast, du hast	you have
das	Häufchen (-)	little pile
die	Hauptstadt (-städte)	capital
das	Haus (¨-er)	house
zu	Hause	at home
die	Hausaufgaben	homework
das	Häuschen (-)	cottage
das	Haustier (-e)	pet
	häßlich	ugly/nasty
das	Heft (-e)	exercise book
	Herr	Mr
	Heiliger Abend	Christmas Eve
	heiraten	to marry
	heißen	to be called
der	Herbst	Autumn
	heute	today
die	Hexe (-n)	witch
	hier	here
	hinunter	down
	Hilfe!	Help!
das	Hobby (-s)	hobby
die	Hochzeit (-en)	wedding
	hoffentlich	hopefully
	Holland	Holland
die	Holzstange (-n)	wooden stick
der	Honig	honey
	hören	to hear, listen to
das	Hotel (-s)	hotel
das	Hufeisen (-)	horse shoe
der	Hund (-e)	dog

I

	ich	I
	ihr	you
	ihr, ihre	her, their
	im	in the
	in	in
	Informatik	IT (information technology)
die	Information (-en)	information
das	Instrument (-e)	instrument
	intelligent	clever
	interessant	interesting
das	Interview (-s)	interview
	ißt, du ißt	you eat
	Irland	Eire
	Italien	Italy

J

das	Jahr (-e)	year
die	Jahreszeit (-en)	season
	Januar	January
	jeden Tag	every day
	jetzt	now
der	Joghurt (-s)	yoghurt
die	Jugendherberge (-n)	youth hostel
	Juli	July
	jung	young
der	Junge (-n)	boy
	Juni	June

K

der	Käfig (-e)	cage

der	Kaffee	coffee
der	Kalender (-)	calendar
	kalt	cold
das	Kaninchen (-)	rabbit
der	Karpfen (-)	carp
die	Karte (-n)	card
die	Kassette (-n)	tape, cassette
der	Kassettenrecorder (-)	cassette player
die	Katze (-n)	cat
das	Kaufhaus (-häuser)	department store
	kaufen	to buy
	kein, keine	no
	keine Angst!	don't worry
die	Kekse	biscuits
die	Kerze (-n)	candle
das	Keyboard	keyboard
der	Kilometer (-)	kilometer
die	Kirche (-n)	church
das	Kind (-er)	child
das	Kino (-s)	cinema
die	Kiste (-n)	box
die	Klasse (-n)	class, form
das	Klassenzimmer (-)	classroom
der	Klassenkamerad (-en)	friend in your class
das	Klavier (-e)	piano
	kleben	to stick
das	Kleeblatt ("-er)	clover leaf
	klein	small, little
das	Kleid (-er)	dress
	kochen	to cook
	kommen	to come
	Kommunikation	communication
	können	to be able, can
der	Korb ("-e)	rubbish bin, basket
	Korbball	netball
	kosten	to cost
der	Kuchen (-)	cake
der	Kuli (-s)	biro
	Kunst	art

L

das	Land ("-er)	country, region
die	Landkarte (-n)	map
	langweilig	boring
	laut	loud, noisy
der	Lebkuchen	ginger bread
das	Leder	leather
die	Lederjacke (-n)	leather jacket
die	Leertaste	space bar
	legen	to put
der	Lehrer (-)	teacher (m)
die	Lehrerin (-nen)	teacher (f)
	leider	unfortunately
	leise	quiet, quietly
	lernen	to learn
	Lesen	reading
	lesen	to read
	lieber, liebe	dear ...
	lieben	to love
	Lieblings-	favourite ...
das	Lieblingsfach ("-er)	favourite subject
das	Lieblingshaustier (-e)	favourite pet
das	Lieblingshobby (-s)	favourite hobby
am	liebsten	best
	Liechtenstein	Liechtenstein
das	Lied (-er)	song
die	Limonade (-n)	lemonade
das	Lineal (-e)	ruler
	links	on the left
die	Liste (-n)	list
	löschen	to delete
	loswerden	to get rid of
der	Luftballon (-s)	balloon
	lustig	funny

M

	machen	to do, make
das	Mädchen (-)	girl
	Mai	May
	man	one

die	Mandelstifte	almond flakes
der	Mann ("-er)	man
das	Märchen (-)	fairy tale
die	Mark (-)	Mark
	März	March
	Mathematik, Mathe	mathematics, maths
die	Maus ("-e)	mouse
das	Meerschweinchen (-)	guinea pig
das	Mehl	flour
	mehr als	more than
	mein, meine	my
die	Milch	milk
die	Minute (-n)	minute
	mischen	to mix, shuffle (cards)
	mit	with
in der	Mitte	in the middle
	Mittwoch	Wednesday
das	Modellauto (-s)	model car
die	Modelleisenbahn (-en)	model railway
	mögen (ich möchte)	to like (I would like)
	möglich	possible
der	Monat (-e)	month
	Montag	Monday
die	Münze (-n)	coin
	Musik	music
die	Musiksendung (-en)	music programme
	müssen	to have to, must
	mußt, du mußt	must
die	Mutter ("-)	mother
	Mutti	mum

N

	nach	to, after
die	Nacht ("-e)	night
das	Nachthemd (-en)	pyjamas
die	Nachrichten	the News
der	nächste	the next one
der	Name (-n)	name, surname
die	Nase (-n)	nose
	Naturwissenschaften	science
	nehmen	to take
	nett	nice
	neu	new
	nicht	not
	nicht gern	do not like
	nichts	nothing
	nie	never
das	Nilpferd (-e)	hippopotamus
	noch ein/eine	another
	Nordamerika	North America
	Nordirland	Northern Ireland
im	Norden	in the North
im	Nordosten	in the Northeast
im	Nordwesten	in the Northwest
	normalerweise	normally, usually
	Norwegen	Norway
die	Notiz (-en)	note
	November	November
die	Nummer (-n)	number

O

	oben	at the top
	oben links	top left
	oben rechts	top right
	oft	often
	ohne	without
	Oktober	October
	Oma	grannie
der	Onkel (-)	uncle
	Opa	grandad
der	Orangensaft	orange juice
in	Ordnung	OK
im	Osten	in the East
	Ostern, frohe Ostern	Easter, happy Easter
der	Osterhase (-n)	the Easter hare
	Österreich	Austria

P

die	Pantomime (-n)	mime
der	Papagei (-en)	parrot

das	Papier	paper
die	Pappe	card
der	Pappkarton (-s)	cardboard
das	Parfüm	scent, perfume
die	Partnerschule (-n)	partner school
die	Party (-s)	party
der	Paß (¨-sse)	passport
	paß auf	pay attention
	passen	to match
die	Pfanne (-n)	pan
der	Pfennig (-e)	pfennig, penny
das	Pferd (-e)	horse
das	Plätzchen (-)	biscuit
	Portugal	Portugal
die	Post	Post Office
die	Postkarte (-n)	postcard
die	Pralinen	chocolates
	pro	per
der	Puderzucker	icing sugar
der	Punkt (-e)	point, mark
die	Puppe (-n)	doll

Q

	Quatsch!	nonsense! rubbish!
das	Quiz (-)	quiz
die	Quizshow (-s)	quiz show

R

der	Radiergummi (-s)	rubber
das	Radio (-s)	radio
die	Ratte (-n)	rat
der	Rechner (-)	calculator
	rechts	on the right
	regnet, es regnet	it's raining
	reisen	to travel
	reiten	to ride
	Reiten	riding
	Religion	RE (religious education)
das	Rezept (-e)	recipe
der	Rhein	the Rhine
	richtig	right, correct
	Rollschuhfahren	rollerskating
der	Rollstuhl (-stühle)	wheel chair
	rosa	pink
	rot	red
	rühren	to stir
	rund	round

S

	sagen	to say
	sammeln	to collect
die	Sammlung (-en)	collection
	Samstag	Saturday
	Sankt Nikolaus	Saint Nicholas
	Schach	chess
	schauen	to look
die	Schere (-n)	scissors
das	Schiff (-e)	ship
die	Schildkröte (-n)	tortoise
das	Schlagzeug	percussion instruments
die	Schlange (-n)	snake
	schlecht	bad
der	Schlittschuh (-e)	skate
	Schlittschuhlaufen	skating
der	Schlitz (-e)	slit
der	Schlüsselring (-e)	keyring
	Schluß	the end (it's over)
	schmelzen	to melt
	schmücken	to decorate
der	Schnee	snow
	schneiden	to cut
	schneit, es schneit	it's snowing
die	Schokolade (-n)	chocolate
	schön	lovely, beautiful
	Schottland	Scotland
der	Schrank (¨-e)	cupboard
	schreiben	to write
	schreien	to shout

	schüchtern	shy
der	Schuh (-e)	shoe
die	Schule (-n)	school
der	Schüler (-)	pupil (m)
die	Schülerin (-nen)	pupil (f)
das	Schulfach (¨-er)	school subject
der	Schwan (¨-e)	swan
	schwarz	black
	Schweden	Sweden
die	Schweiz	Switzerland
die	Schwester (-n)	sister
	schwimmen	to swim
	Schwimmen	swimming
der	See (n)	lake
	sehen	to see
	sehr	very
	sein	to be
	sein, seine	his
die	Sekunde (-n)	second
die	Sendung (-en)	programme
	September	September
die	Serie (-n)	serial
die	Shorts	shorts
	sie	she/her/they
	Sie	you
	siehst, du siehst	you see
	Silvester	New Year's Eve
	sind, sie sind	they are
	singen	to sing
	sitzen	to sit
	Skateboardfahren	skateboarding
	skifahren	to ski
die	Skijacke (-n)	ski anorak
	skilaufen	to ski
die	Socke (-n)	sock
der	Sommer	Summer
die	Sonnenbrille (-n)	sunglasses
das	Sonnenöl	suntan oil
	sonnig	sunny
	Sonntag	Sunday
	sonst	otherwise
	Spanien	Spain
	spannend	exciting
	spät	late
der	Spaß (-¨e)	fun
das	Spiel (-e)	game
	spielen	to play
die	Spielregeln	rules of the game
die	Spielshow (-s)	game show
	spinnst, du spinnst!	you must be joking!
der	Spitzname (-n)	nickname
	Sport treiben	to do sport
die	Sportart (-en)	sport
	sportlich	sporty
die	Sportsendung (-en)	sports programme
der	Sportschuh (-e)	sports shoe
die	Sprache (-n)	language
	sprechen	to speak
die	Stadt (¨-e)	town
der	Stapel (-)	pile
der	Start (s)	start
der	Stein (-e)	stone
	stellen	to put
der	Stern (-e)	star
das	Stofftier (-e)	soft toy
der	Strauß (¨-e)	bouquet
das	Straßenschild (-er)	street sign
das	Streichholz (¨-er)	match
der	Streifen (-)	strip (of paper)
	streng	stict
der	Strohstern (-e)	straw star
das	Stück (-e)	piece
der	Stuhl (¨-e)	chair
die	Stunde (-n)	hour
	Südamerika	South America
im	Süden	in the South
im	Südosten	in the Southeast
im	Südwesten	in the Southwest
	super!	very good!

	süß	sweet

T

die	Tafel (-n)	blackboard
	'Tag	good day, hello
der	Tag (-e)	day
	tagsüber	during the day, daytime
die	Tante (-n)	aunt
	tanzen	to dance
	Tanzen	dancing
die	Tasche (-n)	bag
	tauchen	to dive
der	Teelöffel (-)	tea spoon
der	Teig	dough, mixture
der	Teil (-e)	part
das	Telefon (-e)	telephone
am	Telefon	on the telephone
das	Telefonbuch (-bücher)	telephone directory
die	Telefonnummer (-n)	telephone number
	Tennis	tennis
der	Tennisspieler(-)	tennis player
das	Tier (-e)	animal
	tierlieb sein	to like animals
der	Tisch (-e)	table
	Tischtennis	table tennis
	toll!	great!
die	Torte (-n)	cake
der	Trickfilm (-e)	cartoon
	trinken	to drink
	trocknen	to dry
die	Trompete (-n)	trumpet
	Tschüs	bye, cheerio
das	T-Shirt (-s)	t-shirt
die	Tür (-en)	door
	turnen	to do gymnastics
der	Turnschuh (-e)	training shoe, trainer
der	Traumurlaub (-e)	dream holiday

U

	über	over, above
	üben	to practise
die	Uhr (-en)	clock
die	Uhrzeit (-en)	time
	um	around, at
	umdrehen	to turn round, over (cards)
die	Umfrage (-n)	survey, questionnaire
	und	and
	unfreundlich	unfriendly
die	Uniform (-en)	uniform
	unser	our
	unten	below, at the bottom
die	Unterwäsche	underwear
	usw.	etc.

V

der	Vater (-¨)	father
	Vati	dad
der	Verein (-e)	club
	vergessen	to forget, forgotten
	verkaufen	to sell
	verstehen	to understand
der/die	Verwandte (-n)	relative
	verzieren	to decorate
das	Videogerät (-e)	video player
die	Videokamera (-s)	video camera
	viel	much
	viele	many
	Volleyball	volleyball
	von	from
	vorlesen	to read aloud
die	Vorwählnummer (-n)	code

W

der	Wald (-¨er)	wood
	Wales	Wales
die	Wand (-¨e)	wall
	wann	when
	wann?	when?
	war	was
	warm	warm
	was?	what?
	was für?	what sort of?
	was hilft dir?	what helps you?
	was kannst du?	what are you able to do?
	was kostet ...?	what does ... cost?
das	Waschzeug	washing things
	Weihnachten	Christmas
der	Weihnachtsbaum (¨-e)	Christmas tree
die	Weihnachtskarte (-n)	Christmas card
der	Weihnachtsmarkt	Christmas market
die	Weihnachtszeit	Christmas period
der	Wein (-e)	wine
	weiß	white
	weiß, ich weiß nicht	I don't know
	welcher/welche/welches	which
der	Wellensittich (-e)	budgerigar
	wenn	whenever, if
	wer?	who?
der	Werbespot (-s)	advertisement
	Werken	CDT
im	Westen	in the West
das	Wetter	weather
die	Wettervorhersage	weather forecast
	wichtig	important
das	wichtigste	the most important
	wie?	how, what ... like?
	wie bitte?	pardon?
	wie geht's?	how are you?
	wie oft?	how often?
	wie schreibt man das?	how do you write it?
	wie spät ist es?	what is the time?
	wie weit ist das?	how far is it?
	wiederholen	to repeat
	wieviel?	how many?
	Willkommen	welcome
	windig	windy
der	Winter	Winter
	wir	we
die	Woche (-n)	week
das	Wochenende (-n)	weekend
der	Wochentag (-e)	week day
	wo?	where?
	woher?	where from?
	wohin?	where (to)?
	wohnen	to live, to stay on holiday
der	Wohnwagen (-)	caravan
das	Wort (¨-er)	word
das	Wörterbuch (¨-er)	dictionary
das	Wortbild (-er)	word picture
	wünschen	to wish
die	Würfel	dice
	würfeln	to throw (a dice)

Z

die	Zahl (-en)	number
die	Zeichnung (-en)	drawing
	zeigen	to point to
die	Zeit (-en)	time
die	Zeitschrift (-en)	magazine
die	Zeitung (-en)	newspaper
das	Zelt (-e)	tent
	zerbröckeln	to break into small pieces
das	Ziel (-e)	end, goal
der	Zimt (-e)	cinammon
	zu	to, too
der	Zucker (-)	sugar
der	Zuckerguß	icing
	zuerst	first
	zuletzt	lastly
	zum, zur	to the
der	Zungenbrecher (-)	tonguetwister
	zurück	back
	zusammen	together
	zusammenkleben	to stick together
die	Zutaten	ingredients
	zweimal	twice
der	Zwischenraum	space key